デジタル遺品の探しかた しまいかた 残しかた

☆隠しかた

身内が亡くなったときのスマホ・パソコン・SNS・ネット証券・暗号資産等への対応や、デジタル終活がわかる本

弁護士・公認会計士 **伊勢田篤史**
ジャーナリスト **古田雄介**

日本加除出版株式会社

本書について

1 はじめに

　インターネットの普及やIT技術の劇的な進化などにより、もはや私たちの生活はパソコンやスマートフォン（以下、「スマホ」といいます。）なしでは成り立たない状況となりました。

　デジタル化の進んだ現代社会は、これまででは考えられないような便利さを手に入れています。しかし一方で、パソコンやスマホのユーザー自身が亡くなってしまった際には、デジタル機器のログインパスワードが分からず開けない、ネット証券口座の有無が分からない等のトラブルが発生する不安が増しているのも事実です。

　こうした状況を背景に、2015年頃から「デジタル終活」「デジタル遺品」という言葉がメディアに頻出するようになり、これから考えなければならない課題として認識されるようになってきました。

2 本書に込めた想い

　昨今の終活ブームにより、死後の手続等をまとめた書籍は多く出版されていますが、「デジタル遺品」（パソコンやスマホ等のデジタル機器に保存されたデータやインターネットサービスのアカウント等を指す言葉。15頁参照）の対応方法をまとめた書籍等はまだ少なく、遺族がパソコンやスマホ等の処理に頭を抱えてしまうケースは少なくないものと思います。

　本書は、大切なご家族が亡くなってしまったときに、**いかにして「デジタル遺品」を探して、処理すべきか**、を中心に解説

i

し、残された方々の力になりたいという思いで執筆しました。

　また、ご自身の「デジタル終活」（デジタル遺品に対する死後の取扱い等について考える終活）にも役立ててほしいという趣旨で、**デジタル遺品の残しかた**についても解説しています。本書がデジタル終活を始めるきっかけとなりましたら幸いです。

③ 本書の構成

　本書は、総論、各論、特別付録の３部構成です。

　楽しく分かりやすく読めるよう、すべてのパートにつき、ストーリーを掲載しています。

(1) 総　論

　総論では、一般的な相続手続の流れとともに、デジタル遺品やその相続手続全般について概説しています。一刻も早くデジタル遺品の処理について知りたいという方は、総論は後回しにして、各論をご確認ください。

(2) 各　論

　各論では、本書のタイトルのとおり、一般的なデジタル遺品の「探しかた」「しまいかた」「残しかた」を紹介しています。

探しかた：デジタル遺品を遺族がどう探せばよいのか、その手がかり等について紹介します。

しまいかた：発見されたデジタル遺品を、遺族がどう処理すればよいのか（しまえばよいのか）について紹介します。

残しかた：デジタル遺品を自分がどう残せばよいのか、について紹介します。

なお、巻頭には、読者の方にとって必要な部分にすぐにアクセスできるよう、チャート図をご用意しましたのでご参照ください。

⑶　特別付録

特別付録として、多くの方が気にされている（？）**デジタル遺品の隠しかた**についても簡単に解説したいと思います。

> ※　本書は、デジタル遺品に関する情報等をきちんと遺族に残すこと（デジタル終活）を推奨するものであり、遺族に対し、何らの情報を残さず、デジタル遺品を隠すことを推奨するものではありません。
>
> 　あくまで、「残す」と「隠す」を両立する方法を探る趣旨となりますので、あらかじめご了承ください。

4 さいごに

本書は、終活弁護士、日本デジタル終活協会代表理事などの活動を行っている伊勢田と、デジタル遺品を考える会代表でジャーナリストの古田で執筆しました。

二人とも、デジタル遺品を、怖くて不安な存在のままにせず、従来の遺品と同じように対応できる存在にしたいという思いで活動しています。どうぞご活用ください。

伊勢田篤史

古田　雄介

登場人物紹介

チチ郎 (82)
デジ郎の父。
死後も、その旺盛な好奇心はとどまることを知らず、天国から、現世の様子を常にチェックしており、パソコンやスマホについてもよく知っている。

デジ郎 (58)
このたび、天国へ召されることになる。
チチ郎の一人息子。
副業に精を出す、"デジタル大好き"サラリーマン。
チチ郎に似て、好奇心旺盛。

デジ子 (56)
デジ郎の妻。専業主婦。
デジ郎とは真逆で、アナログ人間。少し毒舌。

デジ太 (30)
デジ郎とデジ子の一人息子。
父に似て、デジタル機器やインターネット等には明るい。やや心配性。

デジ弁 (80)
死してなお、天国で活動を続ける弁護士。
デジタル遺品の処理に詳しい。

天国から……

先生、このたび、
私の息子のデジ郎が亡くなってしまいまして、
こっちの世界に来ることになりました。

デジ郎の
父チチ郎

デジ弁

それは……
ご愁傷様です。久しぶりの再会ですね。

はい、それは楽しみなのですが……
ただ、今回は私がいろいろな「案内役」を
担当することになりまして……。
今のうちから、相続手続等についても
勉強しておかないとと思いまして。
また、最近はパソコンやスマホといった、
我々の時代にはなかったものが
普及しているようで……。
「デジタル遺品」というのですか？
いろいろと厄介なようで……。

かしこまりました。
では、相続手続の基本から
「デジタル遺品」まで
一緒に勉強していきましょう！

本人がやるべきこと（本人の視点）

　年齢に関係なく、まず本人がすべき作業は、緊急時にスマホやパソコンのログインパスワードが残された側に伝わるようにする「スマホのスペアキー」の準備です（163頁参照）。

　スマホのスペアキーの準備により、万が一に備えつつ、不要な契約（アカウント等）を整理するように心がけましょう。

　余裕があれば、ログインパスワード等の共有のみならず、具体的なデータやアカウント等の引継ぎに関する意思や方法についても、エンディングノート等を活用して共有できるようにするとよいでしょう。

遺族等がやらないといけないこと（遺族等の視点）

　本人が何も対策せずに亡くなった場合、遺族はゼロからデジタル遺品の有無や内容を調べなければなりません。まずは、故人が所有していたパソコンやスマホ等のデジタル機器を探して、各デジタル機器内へのアクセスを試みましょう。

　死後においては、すぐに葬儀が執り行われるケースが多いため、葬儀に必要な故人の友人・知人の連絡先や遺影に使用する写真等の調査をしましょう。葬儀後は、相続手続等に関するデジタル遺品の調査を行い、故人のデジタル遺品の全体像を明らかにするとよいでしょう。

　このときに注意したいのは、通信契約やサブスクリプションの契約の処理方法です。

　月額の基本料金等が日割でかかるため、すぐに解約したいという気持ちも分かりますが、解約してしまった場合には、そのアカウント等に関する情報が調べられず、後で後悔するケースが後を絶ちません。

　デジタル機器の整理・処分と同様、デジタル遺品の整理・処理が終わった後に対処するとよいでしょう。

遺族のための対応チャート図

本人のための対応チャート図

ix

CONTENTS

本書について ……………………………………………… *i*

登場人物紹介 ……………………………………………… *iv*

デジタル終活の一般的な流れ ………………………… *vi*
デジタル遺品処理の一般的な流れ …………………… *vii*

遺族のための対応チャート図 ………………………… *viii*
本人のための対応チャート図 ………………………… *ix*

総論

01 相続手続の基本 → *P.2*

▶ 天国から……

解説

1 相続とは ………………………………………………… *5*

2 相続手続の基本的な流れ …………………………… *6*

　1 はじめに　*6*

　2 遺言書確認　*6*
　　COLUMN　遺言書の種類について　*7*
　　COLUMN　自筆証書遺言書保管制度について　*7*

　3 相続人調査　*8*

　4 遺産調査　*9*
　　COLUMN　相続の対象とはならないものもある　*9*

　5 遺産分割協議　*9*

　6 各遺産の引継ぎ　*10*
　　COLUMN　法定相続分とは　*11*

総論

02 デジタル遺品ってなに？ → *p. 12*

 天国から……

解説

1. 「デジタル遺品」とは ………………………………………… *15*
   COLUMN デジタル遺産？ デジタル遺品？ *15*
2. デジタル遺品の分類 ……………………………………… *16*
   1 オフラインのデジタル遺品 *17*
   2 オンラインのデジタル遺品 *17*

総論

03 デジタル遺品の相続処理 → *p. 18*

天国から……

解説

1. デジタル遺品の相続のポイント ……………………… *21*
   1 相続できるか？ *21*
   2 どう引継ぎを行うか？ *22*
2. オフラインのデジタル遺品の相続について ………… *22*
   1 オフラインのデジタル遺品は、相続できるか？ *22*
   2 オフラインのデジタル遺品は、
     どう引継ぎを行うか？ *23*
   COLUMN そのデータを引き渡せ！は、認められない *23*
3. オンラインのデジタル遺品の相続について ………… *24*
   1 オンラインのデジタル遺品は、相続できるか？ *24*
   2 オンラインのデジタル遺品は、
     どう引継ぎを行うか？ *26*
   COLUMN 成年後見制度を利用する際の注意点 *26*

各論

01 デジタル機器を持っている場合 ——→ P.28

▶ デジ郎が亡くなった日の夕方……

はじめに ……………………………………………………… 31
　　　COLUMN 6割の人は旧端末を自宅で保管している？　32

1 携帯電話・スマホを持っている場合 —— 33

① 携帯電話・スマホの探しかた ………………………………… 33

② 携帯電話・スマホのしまいかた ……………………………… 33

　1 携帯電話・スマホのロック解除　34
　　COLUMN スマホのロック解除を頼めるサービスは？　36
　　COLUMN ロックのかかったスマホはFBIでも開けない!?　37

　2 携帯電話・スマホの中身の確認　37
　　COLUMN 故人のスマホ等を確認する際の注意点　40
　　COLUMN バックアップ先について　41
　　COLUMN バックアップデータの復元　42

　3 携帯電話・スマホの処分　43
　　COLUMN 相続放棄を予定している場合　43
　　COLUMN 通信契約はどうやって処理するの？　44
　　COLUMN ちょっと待って、通信契約の解約にご用心！　45
　　COLUMN 承継やMNPも選べる　46

③ 携帯電話・スマホの残しかた ………………………………… 46

2 パソコンを持っている場合 —————— 47

① パソコンの探しかた ………………………………………… 47

　1 据え置き型のパソコン　47

xii

2 モバイル型のパソコン　*48*
COLUMN　職場のパソコンは取扱注意　*48*

② パソコンのしまいかた ……………………………………… *48*

1 パソコンのロック解除　*49*
COLUMN　パソコンに詳しい親族　*50*

2 パソコンの中身の確認　*51*
COLUMN　故人のパソコンを確認する際の注意点　*52*

3 パソコンの処分　*53*
COLUMN　相続放棄を予定している場合　*54*
COLUMN　神奈川県庁ハードディスク転売事件　*54*
COLUMN　パソコンを形見として残しておきたいときは？　*55*
COLUMN　外付けハードディスク等の
　　　　外部記録媒体の処理について　*56*

③ パソコンの残しかた ……………………………………… *56*

❸ タブレットを持っている場合 ───── *57*

① タブレットの探しかた ……………………………………… *57*

② タブレットのしまいかたと残しかた …………………… *57*
COLUMN　タブレットはタイプから使い道を見定める　*58*
COLUMN　デジタル機器の主流はめまぐるしく変わる　*58*

各論

02 SNSやブログを 利用している場合 ──→ *P.60*

▶ デジ郎の死亡から一夜明けて……

はじめに ………………………………………………………… *64*
COLUMN　故人のSNSやブログ等への対処について　*65*

xiii

1 Facebookを利用している場合 ——— *66*

1 Facebookアカウントの探しかた ················· *66*

1 Facebook上で故人の名前を検索する方法 *66*

2 友人に確認する方法 *66*

3 スマホやパソコン内を検索する方法 *67*

COLUMN Facebook上での訃報連絡 *67*

COLUMN Facebookページを運用している場合も *68*

2 Facebookアカウントのしまいかた ··················· *68*

COLUMN ヘルプセンターの利用 *69*

1 アカウントの削除 *70*

COLUMN アカウントの削除を申請する *70*

2 追悼アカウント化 *71*

COLUMN 追悼アカウントを申請する *72*

COLUMN 追悼アカウント化の注意点 *73*

3 Facebookアカウントの残しかた ··················· *74*

1 追悼アカウント管理人の選択 *74*

COLUMN 追悼アカウント管理人ができること *75*

2 死後にアカウントの完全削除 *76*

2 Instagramを利用している場合 ——— *76*

1 Instagramアカウントの探しかた ················· *76*

1 Instagram上で故人の名前や
電話番号等で検索する方法 *77*

2 友人に確認する方法 *77*

3 スマホやパソコン内を検索する方法 *77*

2 Instagramアカウントのしまいかた ··················· *77*

COLUMN 追悼アカウントは復元可能 *78*

3 Instagramアカウントの残しかた ··················· *78*

xiv

❸ Twitterを利用している場合 —— 79

① Twitterアカウントの探しかた ……………………………………… 79

1 Twitterで故人の名前等を検索する方法 *79*

2 友人に確認する方法 *79*

3 スマホやパソコン内を検索する方法 *80*

② Twitterアカウントのしまいかた ……………………………… 80

COLUMN 自動ログインできても抹消はできないケースも *80*

COLUMN ログインできない場合はヘルプ機能を利用する *81*

③ Twitterアカウントの残しかた ……………………………………… 82

COLUMN Twitterにも追悼アカウント機能が実装される? *82*

❹ LINEを利用している場合 —— 82

① LINEアカウントの探しかた ……………………………………… 82

1 故人の電話番号から検索する方法 *83*

2 スマホやパソコン内を検索する方法 *83*

3 友人に確認する方法 *84*

4 銀行口座やクレジットカード履歴から
確認する方法 *84*

COLUMN スマホがなくてもLINE IDは持てる *84*

② LINEアカウントのしまいかた ……………………………… 84

COLUMN そのままにしても突然他人のIDとなることも *85*

③ LINEアカウントの残しかた ……………………………………… 86

COLUMN LINEのデータは保管するのが意外と難しい *86*

❺ ブログ、ホームページ等を
利用している場合 —— 87

① 運営サイトの探しかた ……………………………………………… 87

COLUMN インターネットの居場所は多種多彩 *87*

XV

② 運営サイトのしまいかた ……………………………………… 88

COLUMN しまいかたの実情　88

③ 運営サイトの残しかた ……………………………………… 89

COLUMN レンタルサーバーは「承継可能」が主流？　89

各論

03 インターネットを利用した
事業（副業）をしている場合⟶ P.90

▶ デジ郎の死亡から1週間後……

はじめに ……………………………………………………………… 94

1 YouTuberをしている場合 ── 95

① YouTuber活動の探しかた ………………………………… 95

COLUMN YouTuberの収益の種類　96

② YouTuber活動のしまいかた ……………………………… 96

③ YouTuber活動の残しかた ………………………………… 97

COLUMN アカウントを法人化する手も　98

COLUMN 「このメールが届いた頃、僕は……」　98

2 アフィリエイトをしている場合 ── 99

① アフィリエイト活動の探しかた ………………………………… 99

1 故人のウェブサイト等から広告を確認する方法　99

2 お金の流れから
アフィリエイト活動を把握する方法　100

xvi

2 アフィリエイト活動のしまいかた ……………… 101

    1 遺族からの申告　*101*

    2 ユーザー死亡後の対応について　*101*

    3 お金の流れにはご用心　*102*

3 アフィリエイト活動の残しかた ………………… 102

3 フリマアプリ等を活用している場合 — 103

1 フリマアプリ等の探しかた ……………………… 103

    1 アプリ一覧でチェックする方法　*103*

    2 ブラウザーでチェックする方法　*104*

    3 お金の流れから把握する方法　*104*

2 フリマアプリ等のしまいかた …………………… 104

    1 フリマアプリ残高のしまいかた　*105*

3 フリマアプリ等の残しかた ……………………… 106

    COLUMN 残高を残せるサービスが増えている　*106*

4 クラウドソーシングで
仕事をしている場合 ————————— 107

1 クラウドソーシングの探しかた ………………… 107

2 クラウドソーシングのしまいかた ……………… 107

3 クラウドソーシングの残しかた ………………… 108

    COLUMN クラウドファンディングの痕跡も要注意　*109*

5 サブスク等の定額課金サービスを
利用している場合 ——————————— 110

1 サブスク等の定額課金サービスの探しかた ……… 110

xvii

②　サブスク等のしまいかた ……………………………………… *111*

  1　個別に処理しないことによる
     利用料金の滞納リスク　*112*

     COLUMN　放置アカウントを停止措置する動きも　*113*

  2　業務等に必要なサービスも停止してしまうリスク　*113*

③　サブスク等の残しかた ………………………………………… *114*

     COLUMN　購入済みのコンテンツは相続できる？　*115*

各論

04　投資・資産運用をしている場合 → *p.116*

▶ デジ郎の死亡から2か月……

はじめに ………………………………………………………………… *120*

　　COLUMN　家族に内緒で
　　　　　　 証券口座開設なんてできるの？　*121*

❶ ネット証券口座を持っている場合 ── *122*

①　ネット証券口座の探しかた ………………………………… *122*

  1　故人のパソコンや
     スマホの履歴、アプリ等を確認する　*122*

  2　口座開設資料や、
     その他証券会社からの書面を確認する　*123*

  3　故人の預金通帳において、
     証券会社に関する出入金の有無を確認する　*124*

  4　証券保管振替機構（ほふり）へ問い合わせる　*124*

     COLUMN　最後の手段　*125*

2 ネット口座のしまいかた ……………………………………… 125

1 ネット証券口座の相続手続　125
COLUMN 証券口座、持っていますか？　127
COLUMN ネット銀行も同様に対処　127

3 ネット証券口座の残しかた ……………………………………… 128
COLUMN 「証券相続」の今後について　128

2 暗号資産(仮想通貨)を持っている場合 —— 129

1 暗号資産の探しかた ……………………………………………… 129
COLUMN 秘密鍵・ウォレットとは　130

1 ウォレットの種類　130

2 ホットウォレットの探しかた　132
COLUMN 暗号資産の入手法　132

3 コールドウォレットの探しかた　134
COLUMN 何百万円相当の暗号資産、捨てちゃった　134

2 暗号資産のしまいかた ……………………………………………… 135

1 まずは、ウォレットを見つけて秘密鍵を得る　135
COLUMN 秘密鍵を知らないから
相続税はかからない？　135

2 取引所ウォレットのしまいかた　137

3 暗号資産の残しかた ……………………………………………… 138
COLUMN 死後に負債爆弾に変わることはある？　139

xix

各論

05 キャッシュレス決済サービスや ポイントを利用している場合→ *p.140*

▶ デジ郎の死亡から2か月……

はじめに ………………………………………………………………… *143*

COLUMN 給与も電子マネーで支払い可能に? *144*

補講 キャッシュレス 決済サービスの種類 ——————— *145*

COLUMN キャッシュレス決済 アプリ内の電子マネーの相続 *146*

1 キャッシュレス決済サービスを 利用している場合 ——————— *147*

🔍 ① キャッシュレス決済サービスの探しかた *147*

1 スマホを開くことができる場合 *147*

COLUMN アプリを探すコツ+(プラス) *148*

COLUMN 原則は一つの端末に1アカウント *148*

2 スマホが開かない場合の次善策 *148*

COLUMN 主要サービスのサービス開始時期 *149*

② キャッシュレス決済サービスのしまいかた ……… *150*

1 残高の引継ぎ手続について *150*

COLUMN PayPay利用規約 *151*

2 手続に必要な書類 *151*

COLUMN LINE Payの相続手続 *152*

3 申請するタイミング *152*

COLUMN アカウントのスクリーンショットは 確保しておきたい *153*

xx

③ キャッシュレス決済サービスの残しかた ············ *154*

COLUMN 相続の相談は少数ながら届いている *154*

❷ 企業ポイントを所持している場合 ── *155*

COLUMN 企業ポイントと相続 *155*

① 企業ポイントの探しかた ································· *156*

COLUMN 企業ポイントサービスの特定方法の例 *156*

② 企業ポイントのしまいかた ·································· *156*

1 ポイントのしまいかた
──マイレージ *157*

2 ポイントのしまいかた
──家電量販店ポイント *157*

③ 企業ポイントの残しかた ································· *158*

特別付録 ■■■■■■■■■■■■■■■■■■■■■■■■■

デジタル遺品の隠しかた ──→ *P. 160*

▶ 天国から……

はじめに ··· *162*

① 3分で終わる、デジタル終活 ························· *162*

COLUMN スマホのスペアキーの作り方 *163*

COLUMN パスワードを生前のうちに知られたくない！ *164*

COLUMN 「アカウント無効化管理ツール」を使おう *166*

COLUMN Apple IDも終活できる時代に *167*

② デジタル遺品を隠したい ····························· *168*

③ デジタル遺品を隠し通すことは難しい ·················· *168*

4 デジタル遺品の隠しかた ……………………………… 169

1 スマホ等へのログインを許可する場合　*170*
　COLUMN　スケープゴート（生贄）作戦　*172*
　COLUMN　第三者へ依頼する方法　*172*

2 スマホ等へのログインを許可しない場合　*173*
　COLUMN　オンラインのデジタル遺品の隠しかた　*173*

「スマホのスペアキー」のデザイン例 ……………………… *174*

あとがき ……………………………………………………… *175*

著者紹介 ……………………………………………………… *177*

必ずお読みください

▶ 本書の内容は情報の提供のみを目的としています。本書のご利用は、必ずご購読者様の責任と判断によって行ってください。ご利用の結果について、弊社および著者はいかなる責任も負いません。

▶ 本書の情報は、特に断りのない限り、2021年9月時点での最新情報に基づいています。これらの情報は更新されることがあり、本書の説明と異なる状況になることもあります。あらかじめご了承ください。

以上をご承諾いただいた上で、本書のご利用をお願いします。

※本書に記載した組織名や製品名、機能名などには日本や米国、およびその他の国における登録商標または商標を含みます。本文中ではTM、®マークは記載していません。

総論

01 | 相続手続の基本 *2*
02 | デジタル遺品ってなに？ *12*
03 | デジタル遺品の相続処理 *18*

総論 01 相続手続の基本

天国から……

デジ弁: 人が亡くなると、その遺族や親族が、その故人の財産（遺産）を引き継ぐこととなります。これがいわゆる「相続」ですね。相続に関する一連の手続が「相続手続」となります。

> 相続手続って具体的には、何をすればよいのでしょうか。
>
> — デジ郎の父チチ郎

デジ弁: 相続手続は、以下のような流れで考えるとよいでしょう。具体的には、①遺産の取り分を決める手続と、②各遺産を引き継ぐ手続の2つの段階に分けることが可能です。

①遺産の取り分を決める手続／②各遺産を引き継ぐ手続

遺言書確認 → 相続人調査（誰が）→ 遺産調査（何を）→ 遺産分割協議（どのように）→ 各遺産引継ぎ（引き継ぐ）

> なんか、漢字ばかりで目がチカチカしそうだ……。

2

前記の表のとおり、
①「誰が」、「何を」、「どのように」、相続するのかを決める手続と、②それに従って実際に各財産を引き継ぐ手続の2つに分けることができます。

なぜ、最初に遺言書の確認をするんですか？

故人が遺言書を作成している場合、「遺産調査」や「遺産分割協議」が不要となるケースもあるからです。

なるほど、遺言書があると、遺族も楽になるんですね。

次に、相続人調査ですね。
これは、故人の遺産を相続する権利がある親族、つまり「相続人」の有無を調査するものです。
具体的には、故人の出生から死亡までの戸籍謄本を取得することとなります。

隠し子なんかいると、もめるやつですね。
遺産調査というのは、亡くなった人の遺産を調査するってことですか？

はい、そのとおりです。
この作業がとても大変なんですよ。

私のころであれば、パソコンもない時代だったし、通帳等の場所とかも家族で共有していたからよかったけど、今の時代は大変だろうな。

最後に、遺産分割協議ですね。
これは、読んで字のごとく、故人の遺産を
どう分けるのかを話し合うものとなります。

ところで、②の「各遺産を引き継ぐ手続」
というのは何ですか？

故人の遺産の中に預貯金口座等がある場合には、
各金融機関で、口座の相続手続（払戻し等の手続）
が必要となります。また、遺産の内容次第では、
相続人の間のやり取りだけでなく、第三者との
間での手続が必要となる場合があります。

これまた面倒そうな……。

この手続については、
提出しなければならない資料も多く、
遺族の方がいつも苦労されています。

お嫁さん、大丈夫かな……。

本章の目次

1. 相続とは 5
2. 相続手続の基本的な流れ 6
   1 はじめに 6 ／ 2 遺言書確認 6
   3 相続人調査 8 ／ 4 遺産調査 9
   5 遺産分割協議 9 ／ 6 各遺産の引継ぎ 10

=== 解 説 ===

1 相続とは

相続とは、「故人[1]の一切の財産（プラスもマイナス[2]も含む。）を、その親族が承継すること」をいいます。

なお、相続については、家庭裁判所へ所定の手続を経て、相続放棄すること（故人の一切の財産を承継しないこと）も可能です。

---

1) 民法上、相続される人（遺産を残して亡くなった人）を「被相続人」といいます。ただ、一般的には、「相続人」「被相続人」の区別がつきにくく、「分かりにくい」と敬遠されてしまうケースも多いため、**本書では、あえて「被相続人」という表現を避け、「故人」という表記を採用しています。**
2) マイナスの財産として、負債（いわゆる借金）や連帯保証債務等が挙げられます。

2 相続手続の基本的な流れ

1 はじめに

相続手続は、以下のとおり、①遺産の取り分を決める手続（相続人の間の手続）と、②各遺産を引き継ぐ手続（相続人外の手続）の2つの段階に分けることが可能です。

2 遺言書確認

まず、故人の遺言書の有無を確認します。故人の遺言書が存在する場合には、遺産調査や遺産分割協議が不要となる等、相続手続に大きな影響があるためです。

遺言書の有無については、居宅（部屋）内や金融機関の貸金庫等を調査する形が一般的です。なお、故人が、自筆証書遺言書保管制度や公正証書遺言を利用している場合（後掲のコラムを参照）には、法務局や公証役場へ問い合わせをすることにより、遺言書の存在や内容を確認することも可能です。

COLUMN

遺言書の種類について

一般的に利用される遺言書の種類は、以下の2つです[3]。

① **自筆証書遺言**

遺言者が、遺言書の全文、日付及び氏名を自書し、押印した遺言となります。近年、法改正があり、遺言書の相続財産の目録については、一定の要件の下で、自書することを要しないものとされました。

法的な要件を満たさない場合には無効となり、そのほか紛失改ざん等のリスクもあるなど、注意が必要です。

② **公正証書遺言**

一定の手続を経て、公証人に作成してもらう遺言となります。別途手数料が発生しますが、専門家である公証人が作成してくれるとともに、公証役場でも遺言書を保管してくれます。

COLUMN

自筆証書遺言書保管制度について

自筆証書遺言における紛失・改ざん等による相続紛争を防止するという観点から、2020年7月より、所定の手続を経て、法務局において自筆証書遺言を保管する制度が開始されました。遺言者の死後、相続人は、法務局に対し、遺言書の有無や内容等を確認することができます。

---

3)「秘密証書遺言」という方法もありますが、ほとんど利用されていないため、本書では割愛します。

3 相続人調査

　故人の遺産を相続する権利のある親族を、「相続人」といいます。

　原則として、以下の親族が「相続人」となります。故人の配偶者は常に相続人となりますが、配偶者以外の親族については、相続人となる順位が民法で定められており、先順位の親族がいない場合に初めて、後順位の親族が相続人となります[4]。

▶常に相続人となる親族	配偶者
▶配偶者以外で相続人となる親族	第1順位　子 第2順位　直系尊属（親など） 第3順位　兄弟姉妹

　相続人調査とは、上記のような相続人の有無を調査することをいいます。具体的には、故人の出生から死亡までの戸籍謄本をすべて取り寄せ、故人の「配偶者」、「子」、「直系尊属」や「兄弟姉妹」の有無を調べることとなります。

　なお、後述の「6　各遺産の引継ぎ」手続において、相続人調査の結果として、故人の出生から死亡までの戸籍謄本一式の提出を要求されるケースが多く、相続人の有無に争いがなくても、相続人調査は必須となります。

---

4)　1人も子も孫もいなければ、故人の直系尊属（親）が、その上で直系尊属も全員亡くなっていれば、故人の兄弟姉妹が、故人の相続人となります。

4 遺産調査

相続手続において、遺産（相続財産）の内容を調査し、その範囲を確定する必要があります。

相続手続の当事者である相続人が、遺品整理等により故人の財産状況の調査を行い、財産状況を明らかにすることとなります。

相続の対象とはならないものもある

民法上、「被相続人（故人）の財産に属した一切の権利義務」が相続の対象となるものと規定されており、原則として、故人に属した、あらゆる権利義務が、相続人に承継されることとなります。

しかし、例外として、「（故人の）一身に専属したもの」については、承継の対象とはならない点に注意が必要です（24頁）。

5 遺産分割協議

遺産分割協議とは、故人の遺産を、相続人の間でどのように分割するのかを協議して決定することをいいます。

遺産分割協議については、法定相続分（11頁のコラム参照）で分割しなければならないと誤解されているケースもありますが、基本的には、相続人全員の合意があれば、どのような方法でも分割が可能です。

現に、父親が亡くなった場合の相続において、子は遺産を受け取らず、配偶者である母親が遺産をすべて相続するケースも

多くみられます。

6 各遺産の引継ぎ

以上のような、「遺産の取り分を決める手続」を経て、各相続人が、相続により得た遺産の引継ぎを実際に行うこととなります。

故人の所持品であれば、相続人の間でこれらの引渡しを行うことにより「遺産の引継ぎ」は完了します。

しかし、故人の預貯金や有価証券（投資）等については、金融機関が管理しており、金融機関での手続等を行わなければ、各相続人は、遺産の引継ぎを行うことができません。

このように、第三者が管理している遺産等については、別途、第三者との間において、引継ぎの手続が必要となります。

COLUMN

法定相続分とは

法定相続分とは、各相続人が取得できるものと民法上定められている（民法900条）、相続財産全体に対する割合であり、その割合については、以下のとおり規定されています。

子と配偶者が相続人の場合	：子の相続分　　　　2分の1 　配偶者の相続分　　2分の1
配偶者と直系尊属が相続人の場合	：配偶者の相続分　　3分の2 　直系尊属の相続分　3分の1
配偶者と兄弟姉妹が相続人の場合	：配偶者の相続分　　4分の3 　兄弟姉妹の相続分　4分の1

なお、子、親や祖父母などの直系尊属、兄弟姉妹が2名以上の場合、各自の相続分（割合）は相等しいものとされているため、上記の相続分（割合）を頭数で等分することとなります。

（具体例①）配偶者と子3人が相続人の場合

子の相続分2分の1を子3人で等分することとなるので、以下のような相続分となります。

配偶者の相続分：　2分の1

子A　の相続分：　6分の1

子B　の相続分：　6分の1

子C　の相続分：　6分の1

（具体例②）子3名だけが相続人の場合

子の相続分は、それぞれ3分の1となります。

総論 02 デジタル遺品ってなに？

 天国から……

ところで、最近よく耳にする
「デジタル遺品」とは、一体何なんですか？

デジタル遺品について、
法的な定義はないのですが、一般的には、
「パソコンやスマホ等のデジタル機器に
保存されたデータやインターネットサービスの
アカウント[1]等」を指すものとされていますね。
端的に言ってしまえば、
IT化によりもたらされた新しい遺品のカタチ
といえるかもしれません。

うーん、分かるようで分からないな。

デジタル遺品には、2つのまったく異なる
性質のものが含まれるため、
分解してみると分かりやすいかと思います。

---

1) インターネットサービスのアカウントとは、一般に、インターネットサービスのユーザーが、インターネット上で、各種サービスを受けることができる権利等を指します。分かりにくければ、「契約」と読み替えてもよいでしょう。

| オフライン | オンライン |

総論 02 デジタル遺品ってなに？

上の図を見てください。
まず、デジタル機器を使う上で、
インターネットにつながっているかどうか
というのは大きな分岐点となります。

オフライン・オンラインという部分ですね。

はい、オフラインの場合は、
自分以外の第三者は出てきません。一方で、
オンラインの場合は、インターネット回線を
通じて外部の世界とつながるため、
自分以外の第三者が出てくることとなります。

なるほど、
このオフラインとオンラインという区分けで、
まったく異なる性質になるということですね。

そのとおりです。
「オフラインのデジタル遺品」の具体例としては、パソコンやスマホ等のデジタル機器に保存されたデータ等が挙げられます。

インターネットにつながっていなくても、アクセスすることができるデータということですね。

次に、「オンラインのデジタル遺品」の具体例としては、インターネットサービスのアカウント等が挙げられます。

オフラインとは違って、自分とは違う第三者が出てくるということですね。

一口にデジタル遺品といっても、上記のようにオフラインかオンラインかでまったく性質が異なりますので注意が必要です。後で説明するとおり、その処理の仕方もまったく異なってきますので。

ところで、デジタル遺品にパソコンやスマホといったデジタル機器は含まれないのですか？

デジタル機器は、カメラ等の他の機器と同様に処理ができるため、あえてデジタル遺品として処理する必要性に乏しいといえます。
そのため、デジタル遺品には含まれないものと考えます。もちろん、デジタル遺品を語る上で、デジタル機器は欠かせないので、含めて議論しても構わないとは思います。

```
┌─────────────────────────────────────┐
│  ＋                          _ □ ×  │
│ ＜ C  Q      本章の目次       ☆ ≡  │
│                                     │
│   1  「デジタル遺品」とは  15        │
│   2  デジタル遺品の分類  16          │
│     1  オフラインのデジタル遺品  17  │
│     2  オンラインのデジタル遺品  17  │
│                                     │
└─────────────────────────────────────┘
```

解 説

1 「デジタル遺品」とは

デジタル遺品については、現在、法律上の定義条項もなく、様々な解釈が可能です。

本書では、デジタル遺品を「パソコンやスマホ等のデジタル機器に保存されたデータやインターネットサービスのアカウント等」という形で定義したいと思います。

COLUMN

デジタル遺産？　デジタル遺品？

「遺産」と「遺品」の違いについては、一般的には、金銭的な価値の違いとされています。例外はありますが、金銭的な価値が高いものが「遺産」で、低いものが「遺品」という整理をすることができるといえます。

「デジタル遺品」について、「デジタル遺産」という表現が使用されることも多いですが、**本書では、金銭的な価値よりもその他の価値（感情的な価値等）に重きが置かれる傾向に照らし、「デジタル遺品」という名称を使用しています。**

② デジタル遺品の分類

　デジタル遺品については、その性質上、下記のとおり、大きく2種類に分類することが可能です[2]。

	オフラインの デジタル遺品	オンラインの デジタル遺品
内　容	インターネットにつながっていない状況（オフライン）を前提としたデジタル遺品	インターネットにつながった状況（オンライン）を前提としたデジタル遺品
本　質	デジタルデータ	契約
具体例	パソコンやスマホ上に保存されたデジタルデータ等 ・写真データ ・文書ファイル ・インストール済みのアプリ ・閲覧履歴　等	インターネットサービスのアカウント等 ・ネット銀行やネット証券等のアカウント ・SNSのアカウント ・クラウドサービスのアカウント　等
他者の存在	第三者の存在を前提としない	サービス提供者を前提とする

---

2)　上記分類はあくまで便宜上の分類であり、厳格に分類すること自体に大きな意味はありません。両方の性質を併せもつデジタル遺品も存在します。

1 オフラインのデジタル遺品

オフラインのデジタル遺品とは、「オフライン」という言葉が指すとおり、インターネット環境に関係なく把握または処理することが可能なデジタル遺品です。

オフラインのデジタル遺品の本質は、デジタルデータとなります。具体例としては、パソコンやスマホに保存している写真や文書のデジタルデータ等が挙げられます。

第三者の存在を前提としないため、基本的には相続人の間で処理をすることとなります（22頁参照）。

2 オンラインのデジタル遺品

オンラインのデジタル遺品とは、「オンライン」という言葉が指すとおり、インターネット環境を前提として把握または処理することが可能なデジタル遺品です。

オンラインのデジタル遺品の本質は、契約（アカウント）となります。具体例としては、ネット証券やSNSのようなインターネットサービスのアカウント等が挙げられます。

サービス提供者の存在を前提とするため、基本的には相続人の間だけで処理することはできず、第三者であるサービス提供者との間で処理をしていく必要があります（24頁参照）。

総論 03 デジタル遺品の相続処理

 天国から……

 デジタル遺品の相続については、
以下の2点について問題となります。
①相続できるか？
②どう引継ぎを行うか？

え？　相続できないこともあるんですか？

 はい、実は、先ほどのオフラインの
デジタル遺品も、オンラインのデジタル遺品も、
相続の対象となるかどうかが問題となります。

遺品なのに相続できないなんて……。

 まず、オフラインのデジタル遺品ですが……実は、パソコンやスマホに保存されているデータについては、所有権が認められず、所有権を相続することができません。

えええ〜自分が作ったものなのに？

 はい、実体のないデータは、民法という法律上の所有権の対象とはならないとされています。

データの所有権が認められないとなると、
遺族は、故人のデータを
処理することはできないんですか？

いえ、デジタル機器の所有権を相続した
相続人は、各デジタル機器内のデータを
自由に処分することができるため、
故人のデータの処理自体は可能と考えられます。

データとは関係なく、パソコンやスマホ自体を、
「物」として形見分けみたいにして
分ける形になるんですね。

一方で、オンラインのデジタル遺品についてで
すが、こちらも相続の対象となる遺産に含まれ
ない可能性があります。

オンラインも……。

ただ、オフラインのデジタル遺品とは異なり、
相続が認められるものもあります。
一身専属の性質をもつかどうかで、
相続の可否が決まります。

イッシンセンゾク？　何ですか、それは？

一人の身に専ら属すると書いて、一身専属ですね。
要するに、「契約した人しか使えない
(ので相続対象とはならない)性質」です。
一身専属の性質をもつものであれば、
契約者である故人しか使えないため、
相続の対象とはなりません。
逆に、一身専属の性質をもたないのであれば、
相続の対象となります。

要は、相続が認められていない性質のものということですね。

 インターネットサービスにおいては、この一身専属の性質をもつものが多いのが実情です。

へぇ……でも、一身専属の性質をもつかどうかというのは、どうやって分かるんですか？

 はい、各サービスの利用規約に明記されているケースもありますので、まずは利用規約をちゃんと確認する必要があります。

利用規約……誰も見ていないやつですね。

 ただ、利用規約にも明記されていないケースがあるので注意が必要です。利用規約に一身専属性の有無が明記されていなくても、利用者の死亡により、利用が止められてしまう、という可能性はあります。

それはひどいですね……対処法はあるんですか？

 実際に起こってからでは、泣き寝入りとなるケースが多いと思います。万が一の際も引き継いで使わなければならないサービスについては、利用規約を確認するとともに、運営会社に個別に連絡する等、その処理方法を確認しておく必要がありますね。

いやはや……大変な世の中になったもんだ……息子は大丈夫かな。

本章の目次

1. デジタル遺品の相続のポイント　21
   1. 相続できるか？　21
   2. どう引継ぎを行うか？　22
2. オフラインのデジタル遺品の相続について　22
   1. オフラインのデジタル遺品は、相続できるか？　22
   2. オフラインのデジタル遺品は、どう引継ぎを行うか？　23
3. オンラインのデジタル遺品の相続について　24
   1. オンラインのデジタル遺品は、相続できるか？　24
   2. オンラインのデジタル遺品は、どう引継ぎを行うか？　26

解　説

1 デジタル遺品の相続のポイント

デジタル遺品の相続のポイントは、以下の2点です。

① 相続できるか？
② どう引継ぎを行うか？

1 相続できるか？

原則として、故人の財産に属した一切の権利義務が相続の対象となります。一方で、例外的に、「（故人の）一身に専属したもの」については、相続の対象とはなりません。

デジタル遺品については、その性質等から、故人の相続の対

象に含まれない場合があります。

そのため、各デジタル遺品が相続の対象となるかどうかを、それぞれ検討する必要があります。

2 どう引継ぎを行うか？

前記1で、デジタル遺品の相続が認められる場合、相続人が、故人のデジタル遺品をどのように引き継ぐのか、その方法が問題となります。

そのため、引継ぎ方法についても合わせて検討する必要があります。なお、具体的な引継ぎ方法については、各論にて解説します。

2 オフラインのデジタル遺品の相続について

1 オフラインのデジタル遺品は、相続できるか？

オフラインのデジタル遺品に対する所有権は認められず、所有権自体を相続することはできません[1]。

一方、オフラインのデジタル遺品に対する知的財産権（特に、著作権）については、相続の対象となりますので、相続することは可能です[2]。

---

1) 所有権の対象は「有体物（空間の一部を占める有形的存在であるもの）」に限定されているところ、オフラインのデジタル遺品の本質は、データ（無体物）であるため、所有権の対象とはなりません（東京地裁判決平成27年8月5日）。なお、有体物の定義解釈を修正して、有体物の範囲を広げるべきとする学説もあります。

2) ただし、著作物（著作権法2条1項1号）「思想又は感情を創作的に表現したものであつて、文芸、学術、美術又は音楽の範囲に属するものをいう。」に該当するオフラインのデジタル遺品に限ります。

2 オフラインのデジタル遺品は、どう引継ぎを行うか？

オフラインのデジタル遺品は、パソコンやスマホといったデジタル機器内の記録装置部分に保存されていることから、各デジタル機器自体の所有権の相続を通じて[3]、各デジタル機器内に保存されているデータを引き継ぐことは可能と考えられます。

つまり、パソコンやスマホといったデジタル機器の所有権を相続した相続人が、その機器内に保存されているデータを引き継ぐことができることとなります。

COLUMN

そのデータを引き渡せ！　は、認められない

上記のとおり、オフラインのデジタル遺品（データ）に対する所有権を相続することができるわけではないので、ある相続人が

---

3) デジタル機器については有体物であることから、所有権の対象となり、相続することが可能です。

別の相続人等に対して、「相続したデータの所有権に基づき、データを引き渡せ」と主張することはできません。

　また、オフラインのデジタル遺品に対する著作権を相続することはできますが、著作権に基づいて「データを引き渡せ」と主張することも難しいとされています。

　以上のとおり、法律上の権利に基づき、相続人を含む第三者に対し、オフラインのデジタル遺品の引継ぎ（引渡し）を要求することは難しいと言わざるを得ません。

　故人のデータ等で、どうしても欲しいオフラインのデジタル遺品がある場合、遺産分割協議において、そのデータ等が保存されているデジタル機器を相続するか、データ等の共有を条件に、別の相続人によるデジタル機器の相続を認める形にされるとよいでしょう。

3 オンラインのデジタル遺品の相続について

1 オンラインのデジタル遺品は、相続できるか？

(1)　一身専属性について

　オンラインのデジタル遺品の中には、「（故人の）一身に専属したもの」（以下、「一身専属性」といいます。）に該当し、相続できないものもあります。

　一身専属性とは、「権利または義務が、個人に専属し、第三者（相続人含む。）に移転しない性質」をいい、相続の対象とはならない性質のことをいいます[4]。

---

4)　一身専属性の具体例としては、雇用契約に基づく労務提供義務等が挙げられます。

そのため、故人のオンラインのデジタル遺品を相続できるか
どうかは、一身専属性を有するかどうかを確認する必要があり
ます。

⑵　一身専属性の有無の確認方法

オンラインのデジタル遺品が、一身専属性を有するかどうか
は、以下の方法により確認をすることができます。

①　インターネットサービスの利用規約を確認する

利用規約上、「本サービスのアカウントは、お客様に一身
専属的に帰属します」等という記載があれば、そのアカウン
トは、一身専属性を有するものと評価することができます。

また、一身専属の文言がなくても、利用規約の解約条項に
「会員の死亡」が盛り込まれている場合は同等のスタンスを
とるケースが多く見られます。

②　サービス提供者に確認する

利用規約で言及がなくても、サポートページのQ＆Aや
「よくあるご質問」等で、相続の有無や死亡時の手続につい
て記載がある場合もあります。どこにも言及がない場合は、
サービス提供者に連絡の上、個別に確認するとよいでしょ
う。利用規約上に一身専属性に関する規定がない場合でも、
サービス提供者側において、アカウントが一身専属性を有す
ることを前提とする対応がなされる可能性があるためで
す[5]。

---

5)　ケースによっては、オンラインのデジタル遺品の一身専属性の有無
につき、争う余地はありますが、諸々の費用等が原因で泣き寝入りと
なってしまう場合も多いといえます。

2 オンラインのデジタル遺品は、どう引継ぎを行うか？

インターネットサービスのアカウント（オンラインのデジタル遺品）の引継ぎについては、基本的には、各サービス提供者の規定等に従って行う必要があります。

具体的な引継ぎ方法については、各論の「しまいかた」のパートをご参照ください。

COLUMN

成年後見制度を利用する際の注意点

昨今のインターネットサービスの利用規約においては、会員（ユーザー）が、「後見開始の審判を受けたとき」に会員資格を喪失する等の規定がなされているケースがみられるようになりました。

そのため、成年後見制度を利用する際には、本人（成年被後見人）が利用しているサービス等において、上記のような規定が存在しないことを確認する必要があります。

なお、消費者契約法上、「事業者に対し、消費者が後見開始……の審判を受けたことのみを理由とする解除権を付与する消費者契約……の条項は、無効とする。」（消費者契約法8条の3）と規定されており、事案によっては、会員資格の喪失等について争うことも可能と思われます。

各論

01 デジタル機器を持っている場合 *28*
02 SNSやブログを利用している場合 *60*
03 インターネットを利用した
　　事業（副業）をしている場合 *90*
04 投資・資産運用をしている場合 *116*
05 キャッシュレス決済サービスや
　　ポイントを利用している場合 *140*

各論 01 デジタル機器を持っている場合

▶ デジ郎が亡くなった日の夕方……

 妻デジ子
あー困ったわ……どうしよう。

母さん、どうしたの?
息子デジ太

お父さんの葬儀をするから、
お父さんのお友だちに
連絡をしないといけないのだけど、
連絡先が分からなくて……。

スマホの電話帳を見れば一発じゃないの?

そうなんだけど……あなた、
お父さんのスマホのパスワード知ってる?

誕生日とか結婚記念日とかじゃないの?

それが、手あたり次第に入れてみたら、
何か画面がおかしくなっちゃって……。

え? 何回か入力間違えた?
スマホの中のデータが初期化されちゃうよ。

初期化ってなに?

初期化も知らないの?
要するに、中のデータが消えるってことだよ。

えーっ! そんなの困るわ。どうすればいいのよ。

データ復旧会社に持って行って、
データを取り出してもらうしかないんじゃない？
ただ、最低でも半年くらいかかるみたいだよ。

それじゃあ、葬儀には間に合わないわ……。はぁ、
どうやって亡くなったことを連絡すれば……。

とりあえず連絡取れる人から
連絡していくしかないんじゃない……？
あーパソコンの年賀状ソフトとかに
電話番号入っていないの？

なるほど……お父さん、
マメだったから入れているかもしれないわね。

ところで、パソコンの
ログインパスワードは分かるんだよね？

パソコンは、共有で使っているから、大丈夫。
遺影の写真も、パソコンの中にあるとよいのだけ
ど……こんなんだったら、浮気調査するついでに、
スマホのパスワードも押さえておくべきだったわ。

……。

各論 01

デジタル機器を持っている場合

🎵 天国から……

故デジ郎

そうか、オレは、死んじまったんだな……。

そうだ、お前はすでに死んでいる。

デジ郎の
父チチ郎

父さん！　なぜ、ここに!!

29

むしろ、お前が
こっちの世界に来たんじゃないか。

なるほど……って納得している場合ではないか。
父さん、デジ子にスマホのパスワードを伝えて
いなかったから、大変なことになっているよ。

お前みたいに、急に死んでしまったケースでは、
家族がパソコンやスマホを開けることができず、
苦労するケースが多いんだ。
ちなみに、スマホはプロでもロックが解除でき
ないことが多くて、解除できても20万円以上か
かることもザラらしいぞ。

えええ……そんなにお金がかかるとは！

さて……突然死んでしまったときに、
パソコンやスマホはどうすればよいと思う？

うーん、中身を見ずに燃やしてほしい、
むしろ燃やせ！

お前は、オレの息子だな。
確かに、あんなデータやこんなデータが……
んなことは、どうでもいいんだ。確かに、
見られたくないデータもあるかもしれないが、
デジ子さんが困っているように、
むしろ残さなければならないデータも
あるんじゃないのか？

確かにそうだね、父さん……。

本章の目次

1 携帯電話・スマホを持っている場合 *33*
- ① **携帯電話・スマホの探しかた** *33*
- ② **携帯電話・スマホのしまいかた** *33*
  - 1 携帯電話・スマホのロック解除 *34*
  - 2 携帯電話・スマホの中身の確認 *37*
  - 3 携帯電話・スマホの処分 *43*
- ③ **携帯電話・スマホの残しかた** *46*

2 パソコンを持っている場合 *47*
- ① **パソコンの探しかた** *47*
  - 1 据え置き型のパソコン *47*
  - 2 モバイル型のパソコン *48*
- ② **パソコンのしまいかた** *48*
  - 1 パソコンのロック解除 *49*
  - 2 パソコンの中身の確認 *51*
  - 3 パソコンの処分 *53*
- ③ **パソコンの残しかた** *56*

3 タブレットを持っている場合 *57*
- ① **タブレットの探しかた** *57*
- ② **タブレットのしまいかたと残しかた** *57*

各論 01 デジタル機器を持っている場合

=== はじめに ===

2020年時点で携帯電話とスマホ（以下、両者をあわせて「スマホ等」といいます。）の世帯保有率は96.8%に達します（総務省

「令和2年通信利用動向調査の結果」[1]より）。パソコンも70.1％と高く、タブレットも3世帯に1台（38.7％）はある状況です。75歳以上に限定しても、携帯電話とスマホが87.5％、パソコンが47.0％、タブレットが18.5％と、なおも高い値です。

人が亡くなるとき、これらのデジタル機器を保有していることはもはや珍しいことではなく、所持していて当たり前と考えておくべきでしょう。

デジタル機器については、先に紹介したオフラインのデジタル遺品が保存されているのみならず、オンラインのデジタル遺品の有無を調べる重要な手がかりとなります。

それぞれのデジタル機器について、探しかた、しまいかた、残しかたを見ていきましょう。

6割の人は旧端末を自宅で保管している？

オークネット総合研究所とMMD研究所の共同調査によると、スマホ等を機種変更したあと、古い端末を自宅で保管する人は60％に達します（MMD研究所「2020年日本とアメリカにおけるスマートフォン中古端末市場調査」より[2]）。

これらの旧端末に直近の情報が残されていることは少ないですが、過去のデータの確認やバックアップの復元に使用することができるため、処分時には注意が必要です。

---

1) https://www.soumu.go.jp/johotsusintokei/statistics/data/210618_1.pdf
2) https://mmdlabo.jp/investigation/detail_1863.html

1 携帯電話・スマホを持っている場合

1 携帯電話・スマホの探しかた

　スマホ等は肌身離さず持っていることが多く、亡くなる直前まで使っていた端末は、衣類、鞄、自宅の本人の寝室や部屋、病室の私物入れなど、ごく身近なところに置かれていることがよくあります。

　生前に解約しない限り、亡くなった後も通信契約は継続しているので、見つからない場合は電話をかけて着信音を探る等の手段も有効でしょう。

2 携帯電話・スマホのしまいかた

　スマホ等には、オフラインのデジタル遺品（データ）が保存されているほか、後述のとおり、オンラインのデジタル遺品を探す手がかりとなるため、中身を確認する必要があります。

　そのため、以下のような流れで処理するとよいでしょう。

ロック解除　▶　中身の確認　▶　処　分

各論
01
デジタル機器を持っている場合

1 携帯電話・スマホのロック解除

パスワードロックがかかったスマホの対応チャート

(1) スマホ等のロック解除について

故人のスマホ等にログイン時のパスワードロック[3]（以下、「パスワードロック」といいます。）がかかっており、遺族がそのパスワードを知らないという場合には注意が必要です。

スマホのパスワードロックは非常に強力なため、デジタル機

---

3) iPhoneでは「パスコード」、Androidでは「画面ロック」（パターン、PIN、パスワード等のオプションが存在）という表現が正式であり、「パスワード」という表現は必ずしも正確ではありませんが、本書では、便宜上、スマホ内にアクセスするために必要な暗証番号等を総じて、「（ログイン）パスワード」と表現しています。

器のデータ復旧専門事業者であっても、確実に解除できるわけではありません。

iPhoneで、こんな画面が出たら要注意。闇雲にパスワードを入力することはやめて、確実なパスワードを探しましょう。

　特に、iPhone（アイフォーン）は10回連続で入力ミスすると初期化する設定になっていることもあるので、闇雲にパスワードロックの解除を試みるのは大変危険です。故人のスマホがiPhoneの場合には、試しに2〜3回程度パスワードを入力しても開けることができない場合には、いったん端末を離れて、次頁(2)のような方法で、パスワードを探す作業に集中するとよいでしょう。

　なお、2021年9月時点で、Android（アンドロイド）には上記のような初期化設定は標準では搭載されていません。ただし、Galaxy（ギャラクシー）の一部機種は15回連続で入力ミスすると初期化する設定を独自に設けています。

　今後も機種ごとに初期化機能を採用する可能性もあるので、何度もロック解除を試すのは、やはり慎重になった方がいいでしょう。

(2) パスワードの探しかた

クレジットカードの暗証番号や車のカーナビの解除キーなどと同じ文字列を使っていた事例や、端末を購入した日の手帳や契約書類にメモ書きが残っていた事例も実際にあります。

そうした痕跡を一つ一つ調べてみるのが最も堅実な方法といえます。

ちなみに、指紋認証や顔認証に対応した端末であっても、文字列などでロックを解除する方法も必ず用意されているので、諦めることはありません。

スマホのロック解除を頼めるサービスは？

スマホのロック解除を請け負うサービスは、かなり少ないのが現状で、データ復旧会社でもスマホは受け付けてくれないケースがほとんどです。

なお、通信キャリア(NTTドコモやau、ソフトバンクなど)やメーカーは端末の中身に関しては非対応が原則ですので、対応を期待することはできません。

スマホのデータ復旧を検討してくれる企業もありますが、それでも確実に解錠できる保証はなく、成功報酬は20万～50万円かかることも。作業期間も半年～1年がザラで、簡単な道のりとは言いがたいです。

COLUMN

ロックのかかったスマホはFBIでも開けない!?

2015年12月、カルフォルニア州サンバーナーディーノの障害者支援福祉施設で2人のテロリストが銃乱射事件を起こしました。14人の命が犠牲になり、犯人は両名とも現場で射殺されています。

事件の背景に国際的なテロ組織とのつながりがあるとみた米連邦捜査局（FBI）は、犯人のうち1人が所持していたiPhoneの解析を試みました。ところがロックされたiPhoneには手が出せず、ほどなくして製造元であるApple（アップル）にロックを解除するソフトの提供を要請。しかし、Appleは他のユーザーのプライバシーを守る観点からこれを拒否します。

そこでFBIは翌月にAppleを相手どった米連邦裁判に踏み切ります。その事実がニュースで流れ、「FBIですら1台のiPhoneのロックが解除できない」という事実が世の中に知れ渡ることになりました。

2 携帯電話・スマホの中身の確認

(1) スマホ等へログインできたとき　（37頁）
(2) スマホ等へログインできなかったとき　（40頁）

(1) スマホ等へログインできたとき

無事に、スマホ等へログインできた場合には、次のような形で、スマホ等の中身を調査しましょう。

① スマホのOS（オーエス）ごとの確認方法（一例として）

iPhone	Android
基本はすべてのアプリが画面に表示されるので、ページをめくって調べていくと効率的。ただし、アプリごとに非表示設定も選べる。	通常の画面でアプリをチェックできるが、端末により仕様が異なる。アプリ一覧画面を起動して調べていく方が効率的なケースが多い。

② 調査目的ごとの確認方法

財産関係	業務関係
・金融機関のアプリ ・資産管理アプリ ・キャッシュレス決済アプリ	・メール履歴 ・電話帳・通話履歴 ・業務系アプリ

交友関係	その他
・電話帳・通話履歴 ・SNS系アプリ ・メール履歴	・メール履歴 ・写真 ・その他アプリ

A　財産関係の調査

　故人の相続財産の内容、金融取引や定額取引等を確認するという趣旨では、ネット銀行などの金融機関のアプリやネット証券等の資産管理アプリを探すとよいでしょう。近年では、QRコードやバーコードで決済できるキャッシュレス決済サービスも急速に普及しているので、そのようなアプリについても確認をする必要があります。

　なお、メールの履歴を確認することで、取引金融機関やサブスクリプションサービスの有無について把握する手段もあります（122頁・147頁参照）。

B　業務関係の調査

　故人の業務内容等を確認するという趣旨では、日頃の仕事のやり方をある程度掴んだ上で、メール履歴のほか、通話履歴、カレンダーやオンラインストレージ（インターネット上にあるデジタルデータの保管庫）といった業務系のアプリを確認するとよいでしょう。

C　交友関係の調査

　ときとして、お世話になった人たちに訃報を伝えることも大切です。葬儀のお知らせも含め、必要がある場合は、電話帳、SNS系アプリ、メール履歴を確認するとよいでしょう。

D　その他

　そのほか必要に応じて、スマホ内を検索し、必要な情報を取得します。

COLUMN

故人のスマホ等を確認する際の注意点

故人のスマホ等を確認する際の注意点は、以下のとおりです。

① 他の相続人の合意を得ること

スマホ等は、相続手続における重要な情報源となります。

故人のスマホ等へログインする際には、必ず他の相続人の合意を得るようにしましょう。

スマホ等の対応一つで、勝手に情報を抜いた等と相続紛争に発展してしまうリスクもあるため、「たかがスマホ等へのログイン」と侮ることなく、常に報告・連絡・相談を欠かさないようにしましょう。

② オンライン状態で、アプリにログインしないこと

アプリの利用規約上、アカウントの一身専属性が規定されている場合、ユーザー（故人）の死後にアプリにログインすることで規約違反によるトラブルに発展する可能性があります。

オンライン（ネットにつながった）の状況でアプリにログインすることは控え、機内モード（通信や通話機能等を無効にするモード）等を利用するとよいでしょう。

③ 必要最低限の確認にとどめること

故人の尊厳という観点から、スマホ等内の確認については必要最低限にとどめるとよいでしょう。

(2) スマホ等へログインできなかったとき

① バックアップデータに頼る

スマホは、標準設定で自動バックアップをとる仕組みになっているので、端末が開けなくても外部に亡くなる直前までの

データのコピーが残されているケースがあります。

　そのため、パスワードロックの解除が難しい場合は、インターネットやパソコン、microSDカードなどの中からバックアップデータを探す次善策に移るのが得策です。なお、その際も端末はそのままの状態で大切に保管しておきましょう。

COLUMN

バックアップ先について

　バックアップ先は機種や持ち主の設定によって異なりますが、大まかに挙げると下記のようになります。

① クラウドサービス（インターネット上）
② 一緒に使っているパソコン
③ microSDカード、外付けハードディスク（HDD）などの周辺機器

---

② **iPhoneの場合**

　iPhoneの場合、クラウドバックアップならiCloudが使われるのが一般的です。無料なら上限が5GBになるので必要最低限のデータしか残りませんが、最大2TB（およそ2048GB）まで使える有料版も提供しており、全データをクラウドにバックアップしている人も少なくありません。

　パソコンを一緒に使っている場合は、パソコンのiTunesバックアップ（Windowsの場合）やFinderバックアップ（Macの場合）にバックアップを残している可能性も高いといえます。

　なお、いずれもアクセスするにはApple IDとApple IDパスワードが必要になります。Apple IDは持ち主が普段使ってい

るメールアドレスが設定されていることが多いので見当がつけやすいですが、パスワードは難解です。ただし、Apple IDは引継ぎ可能なので、Appleのサポートに相談してみるのも一つの手といえます。

③ Androidの場合

AndroidはGoogle(グーグル)アカウントに自動でバックアップされますが、無料版は15GBまでとなるのでやはり必要最低限しか保存されません。有料のバックアップ[4]を利用している可能性もあるため、バックアップアプリやクラウドツールの有無を確認するとよいでしょう。

また、Android端末は本体にmicroSDカードを挿している場合が多く、カードを別の端末に差し替えて中身を確認するという手が使えることもあります。

COLUMN

バックアップデータの復元

バックアップデータは、スマホに「復元」しないと確認できない場合があります。

復元する際は、同一型番の端末を別途調達するほか、部屋に残された旧端末を利用するとよいでしょう。

元々の端末のすべてのデータがバックアップされているケースはそれほど多くはなく、また過去のバックアップ日と現在までの

---

4)「Helium(ヘリウム)」や「JSバックアップ(ジェイエス)」等といったバックアップアプリや「Dropbox(ドロップボックス)」「box(ボックス)」などのクラウドツールを利用しているケースもあります。

「差分」は生じてしまうため、完全なデータが保存されている元々の端末は、いざというときのため、残しておく方が安全です。

3 携帯電話・スマホの処分

スマホ等を処分する際は、①小型家電リサイクル法[5]によりお住まいの市区町村が指定する専門業者に回収してもらう方法、②キャリアショップに持ち込んで処分してもらう方法、③中古スマホショップに売りに出す方法などがあります。

スマホ等を処分する際は、情報漏洩に注意が必要です。必要な情報は抜いたからといって、スマホ等をそのまま捨てることはせず、工場出荷時の状態に戻して、microSDカードは別途物理破壊するなどの処置を徹底しましょう。下取りに出す場合も、データ処理の方法をしっかりと確認すべきです。

COLUMN

相続放棄を予定している場合

様々な事情で、故人の相続に関し、相続放棄(故人の相続財産の引継ぎをすべて拒否すること。)を予定している場合、スマホ等を処分してしまうと、相続放棄ができなくなってしまう可能性が

---

5) 正式な法律名称は、「使用済小型電子機器等の再資源化の促進に関する法律」です。

あるため注意が必要です[6]。

なお、データ復旧会社によるスマホ等のパスワードロック解除（データ復旧）についても、解除（復旧）方法によっては、相続放棄ができなくなってしまう可能性があるといえるため[7]、注意が必要です。

また、後述の通信契約についても、基本的には手続対応しない（何もしない）方が無難といえます。

通信契約はどうやって処理するの？

故人のスマホ等の通信・通話契約の解除（あるいは名義変更）も遺族の重要な手続となります。

契約者が亡くなった際に必要なものは通信キャリアごとに違いがありますが、大まかには下記の3つとなります。

① 契約対象品…端末本体やSIMカード本体、契約書類等

② 契約者の死亡確認書類…公的な死亡証明、会葬礼状等

③ 申請者の身分証明書類…運転免許証、実印等

---

6) スマホ等も、「相続財産」の一部となりますので、その処分は、民法921条1号における「相続人が相続財産の全部又は一部を処分したとき」に該当し、単純承認（相続人が、無限に故人の権利義務を承継すること）したものとみなされ、相続放棄が認められない可能性があります。

7) データ復旧の方法がスマホ等の破壊を前提とする場合、データ復旧行為自体が、スマホ等という「相続財産」の処分となり、前記脚注6)と同様、単純承認したものとみなされ、相続放棄が認められない可能性があります。

SIMカードとは通信通話契約を記録した小さな電子カードで、スマホ等に挿入されています。最近は「eSIM」といってカードなしで契約が保存できる端末もありますが、いずれも故人の端末をそのまま持ち込めば問題ありません。

　書類等に不備があってやり直しになることもしばしばあるので、事前に契約している通信キャリアのホームページ等で内容を確認し、できれば持ち込む店舗に事前に電話相談した上で向かうのがよいでしょう。

ちょっと待って、通信契約の解約にご用心！

　契約者が亡くなった際の解約手続自体は無料で請け負う通信キャリアがほとんどです。ただし、解約日までの利用料金は日割りで発生するほか、端末代の月割り支払いが完了していない場合は残金の支払いは必要になります。

　日割りで月額料金がかかることを考えるといち早く解約手続をしたくなりますが、**携帯電話やスマホの解約は「デジタル遺品の全容がほぼ掴めてから」が鉄則です**（巻頭のvii頁参照）。

　葬儀前に解約すると故人の縁者からの電話やSMS（ショートメッセージサービス）などが受け取れなくなりますし、コード決済サービスの残高やクラウド上のバックアップデータの把握に支障が出ることも考えられるためです。

45

故人の通話端末について通信キャリアが対応する内容

※ 通話可能な契約に限る。

COLUMN

承継やMNP(エムエヌピー)も選べる

主要キャリアの多くは故人の契約を遺族が引き継ぐ「承継」にも対応しています。また、承継非対応のキャリアであっても、携帯電話番号ポータビリティ（MNP）制度を利用して承継可能なところに移す手が使えます（データ通信のみの契約を除く。）。

3 携帯電話・スマホの残しかた

通話端末、とりわけスマホが開けない（ロックの解除ができない）と、遺族はとても苦労します。

それを避ける最も効果的な方法は、ログインパスワードの共有です。いざというときにパスワードが家族に伝わり、スマホの中身を調べられるように整えておく。それだけで遺族の負担

は大幅に削減できるでしょう。

　普段から家族にパスワードを伝えておくのが最も確実で手軽ですが、生前には知られたくないという場合には、パスワードを紙に書いて預金通帳や保険契約証などの重要書類と一緒に保管しておくのがよいでしょう。パスワード部分に修正テープを2～3回走らせてマスキングしておけば、情報漏洩の防止に効果があります（「スマホのスペアキー」163頁参照）。

　万が一の際に、確実に家族が目にする書類と一緒に保管しておくことで、死後に発見される可能性が高まります。

2 パソコンを持っている場合

1 パソコンの探しかた

1　据え置き型のパソコン

　大型のノートパソコンやデスクトップパソコンは自室やリビングなどに据え置かれていることが多く、発見は比較的容易です。パソコン本体とともに、外付けハードディスク（HDD）や外付けSSD[8]、USBメモリを持っていることが多いので、一緒に調査対象として保管しておきましょう。2台目や3台目のパソコンが見つかることもあります。

8）　SSDは「ソリッド・ステート・ドライブ」というデジタルデータ保管装置を指します。ハードディスクよりも高速で、コンパクトに収まるのが特徴です。スマホはハードディスクではなくSSDを採用しており、パソコンの内蔵用としても普及しています。

47

2 モバイル型のパソコン

　軽くて小型なモバイルノートパソコンは、自宅内でも置き場所は人それぞれで、ビジネスバッグに入れたままにしていることもあります。なお、充電するためのAC(エーシー)アダプターなどが部屋に残っていることが多いので、本体が見つからなくてもその存在に注意しましょう。

職場のパソコンは取扱注意

　職場から貸与（支給）されたパソコンの所有者は、通常、勤務先の会社となります。いったん、ACアダプターなどの付属品も含めて保管し、速やかに勤務先に相談するとよいでしょう。

2 パソコンのしまいかた

　パソコンには、オフラインのデジタル遺品（データ）が保存されているほか、後述のとおり、オンラインのデジタル遺品を探す手がかりとなるため、中身を確認する必要があります。

　そのため、以下のような流れで処理するとよいでしょう。

　ロック解除　▶　中身の確認　▶　処　分

48

1 パソコンのロック解除

(1) パスワードロックの自力解除

故人のパソコンにパスワードロックがかかっており、遺族がそのパスワードを知らないという場合には注意が必要です。

スマホのパスワードロック（34頁参照）とは異なり、MacもWindowsもパスワード解除の連続ミスで初期化する機能はないので、何度試しても問題はありません。思い当たるパスワードがいくつもあるなら、構わず試してみましょう。

それでもパスワードがヒットしない場合には、クレジットカードの暗証番号やカーナビの解除キー、パソコン購入日の手帳のメモ等からパスワードを探すとよいでしょう。

(2) パスワードロックの自力解除以外の方法

まず、ログインパスワードのリセットや別アカウントからのログイン等により、パソコンへログインする方法が挙げられます。

一方で、パソコンを離れて、外付けハードディスクやUSBメモリ等の外部記録媒体やクラウドサービス等へバックアップデータを探すという方法もあります。なお、2台目以降のパソコンにバックアップデータを残していることも多いので、そちらに照準を絞るのも一つの手です。

また、Windowsであれば、リカバリーディスクなどを使ってメンテナンスモードから起動させる、本体から物理的にハードディスクやSSDを取り出して、別のパソコンに接続する[9]等の対応も考えられます。

外部のパソコン修理サービスに相談する手もあります。スマホと異なり、パソコンのロック解除に対応してくれるサービスは全国に多数あります。

COLUMN

パソコンに詳しい親族

パスワード入力でのロック解除で開けない場合、パソコンに詳しい遺族がいれば頼りになるでしょう。ただし、丸投げしてしまうと、作業の過程で故障させたり誤ってデータを消去したりした際は争いに発展する危険があります。

---

9) メーカー保証が受けられなくなるので、相続人全員の同意を取り付けた上で、自己責任で処理することとなります。

作業は詳しい人に任せつつも、作業の大まかな内容や責任は相続人全員で共有する意識が大切です。

2 パソコンの中身の確認

(1) オフラインのデジタル遺品の確認方法
(2) オンラインのデジタル遺品の確認方法

(1) オフラインのデジタル遺品の確認方法

　パソコンには基本ソフト（OS）別に大きく分けてWindowsとMacがありますが、いずれもデスクトップ画面にはファイルやフォルダー、アプリのアイコンなどが並んでいるはずです。ここから必要なファイルやアカウント情報を適宜探すことになります。

　ファイルを探すなら、最初にデスクトップ画面（ログインして表示される標準の操作画面）を調べた上で、「（マイ）ドキュメント」（Windowsの場合）や「ファインダー」（Macの場合）などを開いて、納められているフォルダーを調べていったり、ファイル検索機能を使ってキーワード検索にかけたりするのがオーソドックスな手法といえます。

　なお、パソコンは自由度の高い道具で、ファイルの管理方法等は一人ひとり異なるため、故人の"クセ"を意識して探すとよいでしょう。

(2) オンラインのデジタル遺品の確認方法

　メールならメールソフト、インターネット上のアカウント等

ならGoogle Chrome、Microsoft Edgeなどのブラウザーのブックマーク「お気に入り」などや表示履歴をたどることとなります。

以下のような形で調査すると効率的でしょう。

財産関係の調査

- 銀行や証券会社サイトへのアクセスの確認
- 銀行や証券会社からの受信済みメールの確認
- 確定申告書類等のファイル等の有無の確認

業務関係の調査

- 直近の受信済みメールの履歴の確認
- 業務関係のファイル等の有無の確認
- 業務系サービス利用の有無の確認

交友関係の調査

- 直近の受信済みメールの履歴の確認
- SNSへのアクセスの有無の確認
- 年賀状ソフト等の確認

故人のパソコンを確認する際の注意点

故人のパソコンを確認する際の注意点は、以下のとおりです。

① 他の相続人の合意を得ること

スマホ等と同様、パソコンの確認の際は、相続トラブルを避けるため、ほかの相続人の合意を得るとよいでしょう。

② パスワードを要求されるページに安易にログインしないこと

インターネットサービスの利用規約上、アカウントの一身専属性が規定されている場合、ユーザーの死後に遺族（という非契約者）がサービスを利用することで規約違反とみなされる可能性があります。

特にIDやパスワードの入力を求められるページへのログインを安易に行うのは避けた方がよいでしょう。

③ **必要最低限の確認にとどめること**

長年使いこなしている人のパソコンほど、自分流に設定を変更していたり、ファイル点数が膨大になっていたりします。他の遺品整理もある中ですべてを把握するのは現実的ではないかもしれません。

「家族写真だけ手に入れる」「不明な月額課金の正体だけ突き止める」、あるいは「直近でやりとりしていたメールを半日でたどれるだけたどる」など、優先順位やゴールを決めて、必要最低限の作業とすることをお勧めします。

3 パソコンの処分

パソコンを処分する際は、①小型家電リサイクル法によりお住まいの市区町村が指定する専門業者に回収してもらう方法と、②家電量販店の下取りに出す方法、③中古パソコンショップに売りに出す方法などがあります。

手放す際は工場出荷時の状態に戻すことが基本ですが、所定の初期化方法を実施しても、元のデータが復活するリスクはゼロにできません。徹底して情報漏洩を防ぐなら、ハードディスクやSSDを物理破壊した上でリサイクルに回すサービスを選ぶのが無難です。

COLUMN

相続放棄を予定している場合

様々な事情で、故人の相続に関し、相続放棄（故人の相続財産の引継ぎをすべて拒否すること）を予定している場合、パソコンを処分してしまうと、相続放棄ができなくなってしまう可能性があるため注意が必要です[10]。

なお、データ復旧会社によるパソコンのパスワードロック解除（データ復旧）についても、解除（復旧）方法によっては、相続放棄ができなくなってしまう可能性があるといえるため[11]、注意が必要です。

COLUMN

神奈川県庁ハードディスク転売事件

廃棄したハードディスクから消したはずの顧客データなどの情報が流出してしまう――そんな最悪のケースが現実となった事例が2019年の暮れにありました。

神奈川県庁のコンピューターで使われていたハードディスクの

---

10) パソコンも「相続財産」の一部となりますので、その処分は、民法921条1号における「相続人が相続財産の全部又は一部を処分したとき」に該当し、単純承認（相続人が、無限に故人の権利義務を承継すること）したものとみなされ、相続放棄が認められない可能性があります。
11) データ復旧の方法がパソコンの破壊を前提とする場合、データ復旧行為自体が、パソコンという「相続財産」の処分となり、上記脚注10)と同様、単純承認したものとみなされ、相続放棄が認められない可能性があります。

うち少なくとも18台がそのまま転売されていた事件です。オークションサイトで中古のハードディスクを購入した男性が復元ソフトを使ったところ、神奈川県に関わる納税記録や公文書と思われるデータが見つかり、新聞社に情報提供したことで発覚しました。

原因は、県庁に機器をリースしている会社からハードディスクの廃棄処分を任されていた会社の社員が、廃棄したハードディスクをこっそりと横流ししたことにあると報道されています。

パソコンを形見として残しておきたいときは？

中身の整理が済んだ後のパソコンを故人の形見として残しておくなら、必要な中身だけ外付けハードディスクや家族のパソコンにバックアップしておきましょう。

機械としてのパソコンはいずれ故障します。10年以上稼働することもありますが、ハードディスクの平均寿命は3～5年ともいわれ、実働する一生の形見として保持するのは難しい面があります。また、古いパソコンをインターネットにつなぐと、セキュリティ機能が追いつかずにウイルスなどに侵入されるリスクが高まります。

写真やメッセージなどの大切なデータは別物としてほかの場所で大切に管理し、パソコン本体はインターネットにつながずに保管しておく。そして、たまに起動してオフラインのまま様子を見るのがよいでしょう。

> **COLUMN**
>
> ### 外付けハードディスク等の外部記録媒体の処理について
>
> パソコンを利用される方の中には、外付けハードディスク、SSDやUSBメモリ等の外部記憶媒体を何個も持っている方も多いようです。
>
> 遺品整理業者の方に話を伺うと、遺品整理の作業の中で、こうした外部記録媒体が多数発見されることもよくあるようですが、中身を見ずに処分されることも多いようです。
>
> 確かに、こうした外部記録媒体に保存されたデータを一つ一つ確認していくのは骨の折れる作業ですが、何か重要な情報が保存されている可能性がないわけではないので、一度は(ざっとでよいので)中身を確認されるとよいでしょう。

３ パソコンの残しかた

スマホ等と同様、パソコンが開けないと、遺族はとても苦労します。

それを避ける最も効果的な方法は、ログインパスワードの共有です。いざというときにパスワードが家族に伝わり、パソコンの中身を調べられるように整えておく。それだけで遺族の負担は大幅に削減できるでしょう。

普段から家族にパスワードを伝えておくのが最も確実で手軽ですが、生前には知られたくないという場合には、パスワードを紙に書いて預金通帳や保険契約証などの重要書類と一緒に保管しておくのがよいでしょう。パソコンのパスワード伝達にも「スマホのスペアキー」(163頁参照)は役立つはずです。

万が一の際に、確実に家族が目にする書類と一緒に保管しておくことで、死後に発見される可能性が高まるためです。

　なお、パソコンはスマホ等と異なり、フォルダーやファイル数が膨大となり、内部の調査が面倒となる傾向にあります。そのため、資産管理ファイル、家族写真や進行中の仕事のデータなど、万が一のときにアクセスできないと家族や周囲が困りそうなものは、デスクトップ画面にフォルダーを置いたり、特定のアプリで一括管理したりしてまとめておくのが鉄則です。

3 タブレットを持っている場合

1 タブレットの探しかた

　タブレットは大きく分けて、7〜8型画面の小型のものと、9〜12型画面の大型のものがあります。

　前者は電子書籍や動画を表示する端末として常備する人も多く、スマホに準じた場所で見つかることがよくあります。

　後者はモバイルノートパソコンの代わりとして屋外で使われたり、仕事用端末として書斎に置かれたり、あるいは、動画やゲームを楽しむ端末としてリビングやバスルーム周りに置かれたりします。

　鞄も含めて、家中に置き場所があると考えましょう。

2 タブレットのしまいかたと残しかた

　タブレットのしまいかたや残しかたは次のコラムにあるように、使い道を見定めることから始まります。

スマホ代わりならスマホに準じて、パソコン代わりならパソコンに準じて調査することになります。例えば iPad（アイパッド）は iPhone に準じるので、パスワードの連続入力はくれぐれも避けてください。

COLUMN

タブレットはタイプから使い道を見定める

　タブレットは画面サイズや付属品、SIMカードの有無などから用途が見えてくるところがあります。

　キーボードやペンがセットになっているなら、ノートパソコンとして使っていると見立てられます。SIMカードを挿して、単独でどこでもインターネットにつながるようにしているケースも珍しくありません。一方、自宅専用の場合はSIMカードを挿さないケースが多く、本体だけで使っているならスマホやパソコンの予備くらいの感覚で置いていたり、ゲームや動画再生などの専用機として使っていたりする可能性も考えられます。もちろん自宅等のWi-Fi（ワイファイ）環境を利用して、普段使いのネット端末にしていることもあるでしょう。

　このように使われ方を意識して向き合うと、捜索の検討もつきやすくなります。

COLUMN

デジタル機器の主流はめまぐるしく変わる

　本章の冒頭で参照した総務省の「令和2年通信利用動向調査の結果」中のグラフを2010年から見ると、この10年ほどでスマホが

急激に普及したことが分かります。また、ここ数年で腕時計のように身につける情報端末（ウェアラブル端末）もじわじわ伸びてきているのが見えるでしょう。やや右肩下がりとなっているパソコンにしても、近年はAndroidと同じGoogleが開発した「Chromebook（クロームブック）」という、Chrome OSを載せた安価な製品が急速にシェアを伸ばしています。

十年ひと昔といいますが、デジタル機器のトレンドはめまぐるしく変わります。今から５年後や10年後には、想像だにしない機械が家庭内で主役になっているかもしれません。

ただ、それでも重要な遺品の本質は変わりません。ロック解除の方法だけ掴めば、調べるべき内容には多くの共通点があるはずです。どんな新参者でも恐れずに観察する姿勢が大切です。

出典：「令和３年版情報通信白書」（総務省）の「情報通信機器の世帯保有率の推移」より
https://www.soumu.go.jp/johotsusintokei/whitepaper/ja/r03/html/nd242110.html

各論 02 SNSやブログを利用している場合

▶ **デジ郎の死亡から一夜明けて……**

そういえば、父さんSNSはやっていなかったの？
FacebookとかTwitterとか？ 息子デジ太

 妻デジ子
さぁ……やっていたんじゃない？
YouTubeやっていたくらいだし。

Facebookは検索してみるとして、
Twitterはどうしようかな。

 え？　何か対応する必要があるの？

仲良かった人には連絡しておかないと。
僕らが知らない交友関係もありそうだしさ。あと、
やっぱりそのまま放置もできないじゃない？

 あー確かに。検索すればいいんじゃないの？

Twitterを本名でやっているとは思えないな。

 へぇ〜そういうもんなのね……
でも、どうやって処理すればよいの？

うーん、FacebookとかInstagramとかは、
追悼アカウントあるけど……
父さんはどうしたかったんだろう。

 誰も、追悼してくれないわよ。

まぁまぁ……ちょっと見てみるよ。

無料なんでしょ？ そのままでいいんじゃない？

まぁ、そのままになっているケースは多いらしいけど……でも、亡くなったことを知らない人もいるだろうしね。

何か私のことを悪く書いていたら、天国でぶっ飛ばすから言ってね。

……。

天国から……

SNSか……。オレの死を世界が悲しんでいるはずだから、追悼アカウントにしてほしいな。

はいはい……。ところで、追悼アカウントの管理人は生前に設定していたのか？

していないよ。

設定していたら、命日のたびに投稿してもらえたかもしれないのにね。

そうなんだ……。そういえば、前亡くなった友人のアカウントがずっと残っていたのを思い出したよ。誕生日とかに「おめでとう！」なんてメッセージ送っているやつがいて、いつもセンチになるんだよね。

ほう……。なるほどね。

Twitterは、外からは発見されにくい
だろうな……。故人ツイッターか。

大丈夫、誰も読んでないよ……。

Twitterは、あくまで読み専門で、
自分からは何も発信していなかったから……。
にしても、SNSの処理は面倒そうだな〜。

ところで、LINE(ライン)とかも
SNSだが……。

うわーーーそうだった！
父さん、何とかスマホを壊すことできない？

やーい！

本章の目次

1 Facebook を利用している場合 *66*
- 1 Facebook アカウントの探しかた *66*
- 2 Facebook アカウントのしまいかた *68*
- 3 Facebook アカウントの残しかた *74*

2 Instagram を利用している場合 *76*
- 1 Instagram アカウントの探しかた *76*
- 2 Instagram アカウントのしまいかた *77*
- 3 Instagram アカウントの残しかた *78*

3 Twitter を利用している場合 *79*
- 1 Twitter アカウントの探しかた *79*
- 2 Twitter アカウントのしまいかた *80*
- 3 Twitter アカウントの残しかた *82*

4 LINE を利用している場合 *82*
- 1 LINE アカウントの探しかた *82*
- 2 LINE アカウントのしまいかた *84*
- 3 LINE アカウントの残しかた *86*

5 ブログ、ホームページ等を利用している場合 *87*
- 1 運営サイトの探しかた *87*
- 2 運営サイトのしまいかた *88*
- 3 運営サイトの残しかた *89*

各論 02 SNSやブログを利用している場合

はじめに

　総務省の「令和2年通信利用動向調査の結果」によると、SNS（ソーシャルネットワーキングサービス）の利用割合はインターネット利用者のうち73.8％に上ります。年代別にみると近年は高齢者の伸びが顕著になっています。例えば70代は平成30年に23.6％だったのが、令和元年に40.7％、令和2年に47.5％と、2年間で倍増しています。80代も同様に46.7％と過半数直前です。SNSページを残したまま亡くなるというケースは決して珍しいものではありません。

年代別SNSの利用動向（個人）

出典：総務省「令和2年通信利用動向調査の結果」の「ソーシャルネットワーキングサービスの利用状況（個人）」等をもとに筆者作成

故人のSNS、ブログやホームページについて、探しかた、し
まいかた、残しかたを見ていきましょう。

COLUMN

故人のSNSやブログ等への対処について

　SNSやブログ等の多くは、無料で利用することができます。

　確かに、無料であれば放置しておいても基本的には相続財産の
相続等に影響を与えません。

　しかし、（利用規約の内容次第ですが）規約違反に基づく損害賠
償請求を受けるリスク[1]やアカウントが乗っ取られてしまうリス
ク等は、ゼロとは言い切れないでしょう。

　また、SNSやブログ等で交流していた人たちのことを考えると、
何の挨拶もないままに放置されるのは悲しいものがあります。

　とはいえ、遺族が対応できる道筋はサービスによって異なりま
す。遺族が引き継げるものと抹消しか選べないもの、追悼ページ
として保護する機能を備えたものなど様々です。

　故人のSNSやブログ等を放置するか消去するかどうかは、利用
規約の内容や故人の使用状況等から結論を出すとよいでしょう。

各論
02

SNSやブログを利用している場合

---

1)　利用規約において、ユーザーが死亡した場合に通知しなければなら
ない等と規定されているケースでは、相続人による通知義務違反によ
り、損害賠償請求を受ける可能性があります。しかし、相続人が故人
によるサービス利用を知らなかったケースも十分にありえ、かつ損害
額の立証が難しいため、実際に損害賠償請求に発展する可能性は低い
といえるでしょう。

1 Facebookを利用している場合

1 Facebookアカウントの探しかた

Facebookアカウントは、以下の3通りの方法で探すことが
可能です。

---

① Facebook上で故人の名前を検索する方法
② 友人に確認する方法
③ スマホやパソコン内を検索する方法

---

1 Facebook上で故人の名前を検索する方法

Facebookは実名登録を原則としています。

スマホやパソコンでFacebookにアクセスし、故人の氏名で
検索をかけるのがオーソドックスな探し方といえるでしょう。漢
字やローマ字のほか、旧姓やパブリックネーム（ペンネームや
芸名）などがあればあわせて検索するのが基本です。

同姓同名の方のアカウントが複数ヒットすることもあるの
で、アイコンの写真やプロフィールなどを参考に目星をつけて
いきます。

2 友人に確認する方法

上記1の方法だけでは見つからないこともあります。故人が
Facebook上の情報の公開設定を「友達のみ」や「友達の友達
まで」などにしていると、それ以外の人からページが確認でき
ません。

このとき頼りになるのが、友人に確認する方法です。生前親

しくしていた方にFacebookアカウントの有無を尋ねるなど、調査の協力をお願いするとよいでしょう。

3 スマホやパソコン内を検索する方法

また、故人が遺したスマホやパソコンが開けるなら、スマホやパソコン内を検索する方法も有効です。インストールされているアプリや、故人が利用していたと思われるブラウザー（Microsoft Edge、Google Chrome、Safariなど）のブックマーク（お気に入り）から利用の有無を確認できます。

これらは、いわばFacebookの入り口です。多くの人は自動ログイン設定にして利用しているので、インターネットにつながっていればそのまま「本人として」ログインできてしまう可能性があります。実際に、この方法で「本人として」訃報を投稿したり、アカウントを抹消したりするケースも見られます。

しかし、Facebookの利用規約上、遺族による利用は認めないとされています。故人のアカウントを引き継ぐ仕組みにはなっていないので、自分のアカウントのような振る舞いは避けるべきです。

COLUMN

Facebook上での訃報連絡

Facebook等のSNS上で訃報や葬儀の告知記事が掲載される光景は国内外で散見されます。筆者（古田）の取材を通して、それをとがめる運営元にはまだ出会ったことがありません。とはいえ、一身専属性のサービスの場合は、たとえ遺族であっても規約に違反する行為にあたります。

繊細な判断が求められる部分ですが、事情を察して目をつむっているケースがあることは頭の片隅においておきましょう。

COLUMN

Facebookページを運用している場合も

　Facebookには、一般的な個人アカウントページのほかに、「Facebookページ」という著名人や団体向けのページもあります。公的な立場でファンやユーザーと交流するスタンスのページで、こちらはFacebook検索だけでなくGoogle検索などの一般的なインターネット検索でもヒットします。

　個人で事業展開をされている方の場合は、個人アカウントとは別にFacebookページも作成していることがあるので、あわせてチェックしましょう。

---

2 Facebookアカウントのしまいかた

　故人のFacebookのアカウント処理方法は、故人のIDやパスワードでログインしない限り、以下の2通りの方法に限られることとなります。

- ①　アカウントの削除
- ②　追悼アカウント化

COLUMN

ヘルプセンターの利用

いずれの手段をとるにしても、まずはFacebookにログインを
し、「ヘルプセンター」へアクセスすることとなります。「ヘルプ
センター」の検索窓に「故人のアカウント」「亡くなった利用者」
などと入力し、回答ページに記載されたリンクから申請ページに
ジャンプする流れとなります。

**亡くなった利用者や、追悼アカウントにする必要があるFacebookの
アカウントを報告するにはどうすればよいですか。**

🔗 リンクをコピー

この度は心よりお悔やみ申し上げます。申請いただいた内容につきまして、確認を進めてま
いります。なお、新型コロナウイルス感染症の流行により確認担当者が少なくなっているた
め、当該アカウントの追悼アカウントへの移行または削除にお時間をいただく場合がござい
ます。

弊社より再度心からお悔やみを申し上げるとともに、ご理解いただけますようお願い申し上
げます。

追悼アカウントへの移行

追悼アカウントとは、利用者が亡くなった後に友達や家族が集い、その人の思い出をシェアする
ための場所です。アカウントを追悼アカウントにすると、他のユーザーがアカウントにログイン
するのを防いで、情報の安全を確保できます。

ご家族や親しいお友達よりお知らせいただいた場合に、亡くなった方のアカウントを追悼アカウ
ントに移行するのがFacebookのポリシーです。追悼アカウントにすると変わる点について、詳し
くはこちらをご覧ください。

このような状況でも、第三者のアカウントのログイン情報は提供できませんのでご了承くださ
い。いかなる場合であっても、第三者が別の人のアカウントにログインすることは、Facebookの
ポリシーに違反します。

プロフィールの追悼アカウントへの移行をリクエストするには、 お問い合わせ ください。

アカウントの削除　　★追悼アカウントの申請ページへリンク

故人の近親者であることを証明できる方にかぎり、故人のFacebookアカウントの 削除をリクエス
ト できます。　　★亡くなった家族のアカウント削除を申請する解説ページへリンク。
　　　　　　　　解説ページ内にあるリンク先に飛ぶと申請ページにたどり着く。

引用：Facebookのヘルプセンターより

例えば、「亡くなった利用者や、追悼アカウントにする必要が
あるFacebookのアカウントを報告するにはどうすればよいです

各論
02

S
N
S
や
ブ
ロ
グ
を
利
用
し
て
い
る
場
合

69

か。」という回答ページには、前記のように「追悼アカウントへの移行」、「アカウントの削除」の二手のリンクがあります。

　各リンクは文章の中に紛れているため、しっかりと読み込んで必要なページに進まなければならない点に注意が必要です。

1 アカウントの削除

　Facebookは一身専属性のサービスなので、遺族であってもアカウントをそのまま引き継ぐことはできません。

　しかし、アカウントの削除申請は受け付けているので、ページを完全に閉じたいとき等に依頼することは可能です。

アカウントの削除を申請する

　アカウントを削除する場合は、Facebook「ヘルプセンター」の「*病気やけがなど医学的な理由により行為能力を失った方または亡くなった方のアカウントに関する特別リクエスト*」ページにて、最下部の選択肢で「アカウントの所有者が亡くなったためこのアカウントを削除してください」にチェックを入れます。

　このリクエストでは、死亡診断書の画像データ等を送付することにより、アカウント当事者の死亡（死亡診断書を保管していることで裏付けられる）と申請者の関係性を証明することが求められます。

　必要な書類をそろえた上で、アカウントの削除にチェックを入れることで削除申請が完了します。なお、「追悼アカウント管理人」（74頁参照）がほかに存在する場合は、遺族であっても申請で

きない点に注意が必要です。

病気やけがなど医学的な理由により行為能力を失った方または亡くなった方のアカウントに関する特別リクエスト

この度は心よりお悔やみ申し上げます。申請いただいた内容につきまして、確認を進めてまいります。なお、新型コロナウイルス(COVID-19)の流行により確認担当者が少なくなっているため、当該アカウントの追悼アカウントへの移行または削除にお時間をいただく場合がございます。

弊社より再度心からお悔やみを申し上げるとともに、ご理解を賜りますようお願い申し上げます。追悼アカウントへの移行またはアカウント削除の申請に関する最新情報は、ヘルプセンターでご確認いただけます。>

健康上の理由で行動できない方や亡くなった方のアカウントの削除、または追悼アカウントへの移行については、このフォームを使ってリクエストしてください。

弊社より心からお悔やみを申し上げるとともに、このプロセスへのご辛抱とご理解を賜りますようお願い申し上げます。弊社では通常、追悼アカウント以外の問題に報告いただいてもお答えすることはできません。

Facebook利用者のプライバシーを保護するため、アカウントのログイン情報を提供することはできません。

注 亡くなっていない方のアカウントが不正アクセスされたことを報告する場合は、次のフォームには入力しないでください。代わりに、こちらで詳しい対応方法をご覧ください。

氏名

連絡先メールアドレス
連絡に使用できるメールアドレスを入力してください。

引用：Facebookのヘルプセンターより

2 追悼アカウント化

　Facebookは亡くなった人のアカウントを保護する「追悼アカウント」という独自のモードを用意しています。追悼アカウント化すると、あらかじめ「追悼アカウント管理人」（74頁参照）を設定している場合を除き、誰もログインできなくなります。新たな投稿や投稿済みの文章や写真の編集、ダイレクトメッセージ（Messenger）のやりとりなどは不可能になりますが、故人が残したページはしっかりと保護されて残ります。このモードへの切り替えは、遺族だけでなく、友人でも申請可能です。

COLUMN

追悼アカウントを申請する

追悼アカウントのリクエスト

この度は心よりお悔やみ申し上げます。申請いただいた内容につきまして、確認を進めてまいります。なお、新型コロナウイルス(COVID-19)の流行により確認担当者が少なくなっているため、当該アカウントの追悼アカウントへの移行または削除にお時間をいただく場合がございます。

弊社より再度心からお悔やみを申し上げるとともに、ご理解を賜りますようお願い申し上げます。追悼アカウントへの移行またはアカウント削除の申請に関する最新情報は、ヘルプセンターでご確認いただけます。>

利用者が亡くなった場合は、当人の希望を尊重して、そのアカウントをどうするか決定します。家族や友達がこのフォームを使ってリクエストを送信すると、アカウント所有者が自分の死後にアカウントを削除してほしいとリクエストしていた場合を除き、アカウントは追悼アカウントに移行します。

追悼アカウントに移行するかどうかは重要な決断です。あなたが亡くなった利用者の家族や親しい友達でない場合は、追悼アカウントへの移行リクエストを出す前に、その人の家族に連絡を取ることをおすすめします。

アカウントを追悼アカウントにすると、他の利用者によるアカウントへのログインを防ぎ、情報の安全を確保できます。アカウントは引き続きFacebookに表示されますが、追悼アカウントを管理できるのは、アカウント所有者が選定した追悼アカウント管理人に限られます。

アカウント所有者が追悼アカウント管理人を選定していなかった場合、追悼アカウントへの移行がリクエストされた後は、このアカウントは誰からも積極的に管理されなくなります。

アカウント所有者が、死後に自分のアカウントを完全に削除してほしいとリクエストしていた場合は、Facebookにアカウント所有者の死亡の連絡が届き次第、そのアカウントは削除されます。

追悼アカウントへの移行をリクエストしたい場合は、このフォームを使ってご連絡ください。

注 このフォームは追悼アカウントへの移行をリクエストする場合にのみご使用ください。不正アクセスされたアカウントを復元するには、facebook.com/hackedにアクセスしてアカウントの安全を確保してください。アカウントにログインできない場合は、facebook.com/login/identifyにアクセスして指示に従ってください。

亡くなった方
FBプロフィールのURLリンクを入力してください。

★亡くなった人の氏名
（自分の友達リストから選択）

探している人が見つからない場合は、リクエストフォームを使用してください。

★亡くなった日付

亡くなった日付
正確な日付がわからない場合は、わかる家族や友達に連絡してください。

★死亡証明書
（ファイルをアップロード）

死亡証明書
亡くなった方の死亡記事、死亡証明書、追悼カードや、亡くなったことを証明するその他の書類のスキャンまたは写真を提出してください。

ファイル選択 選択されていません

ドキュメントがオンラインの場合は、そのスクリーンショットを添付することができます。スクリーンショットの撮影方法については、ヘルプセンターをご覧ください。

メールアドレス
連絡に使用できるメールアドレスを入力してください。

この方が亡くなったことにより経済的問題が生じた場合、Facebookで募金キャンペーンを作成 することをご検討ください。

★申請者のメールアドレス

送信

引用：Facebookのヘルプセンターより

追悼アカウントは、Facebook「ヘルプセンター」の「*追悼アカウントのリクエスト*」ページに前記の必要項目を入力することで申請できます。

　このうち、死亡証明書には、死亡診断書などの公的な死亡証明書類のほか、会葬礼状や訃報記事なども含まれます。該当する書類を撮影したりスキャンしたりして、画像ファイルとしてアップロードしましょう。あとは、Facebook側の判断を待つことになります。

COLUMN

追悼アカウント化の注意点

　前述のとおりに遺族以外の友人も申請可能ですが、遺族や近しい関係者が把握しないうちに追悼アカウント化してしまうと、後からトラブルになる可能性もあります。訃報を知って独断で申請するよりも、まずは故人の近親者と相談して事を進めるのが安全でしょう。申請ページにも「あなたが亡くなった利用者の家族や親しい友達でない場合は、追悼アカウントへの移行リクエストを出す前に、その人の家族に連絡を取ることをおすすめします。」と明記されています。

3 Facebookアカウントの残しかた

　Facebookは生前から死後に備える機能も用意しています。

　Facebookにログインして自身の設定ページを開き、「設定とプライバシー」─「設定」─「プロフィールへのアクセスと管理」─「追悼アカウントの設定」のページから当該機能を設定することが可能です（スマホ用アプリの場合）。

　ここでは、以下の２つのメニューを選ぶことができます。

引用：Facebookの公式アプリ
「追悼アカウントの設定」画面

---

① 追悼アカウント管理人を選択
② 死後にアカウントを削除

　なお、死後の措置は二者択一なので、①追悼アカウント管理人を指定している状態では、②アカウント削除希望のメニューは選べません。逆もしかりです。

1 追悼アカウント管理人の選択

　追悼アカウント管理人とは、「自分のアカウントが追悼アカ

ウントになった場合に、アカウントを管理してもらう人」をいいます。

　前記「追悼アカウント管理人を選択」ページにおいて、Facebook上で「友達」となっている人の中から１人を選択することで、「追悼アカウント管理人」の設定ができます。「友達」には指定した旨の通知が届くので、それを了承してもらうことで成立します。指定の際にはメッセージや口頭で意図を説明しておくとよいでしょう。

　なお、追悼アカウント管理人を選択しなくても、追悼アカウント化することはできますが、前述のとおり、一切の編集ができなくなる点に注意が必要です。

COLUMN

追悼アカウント管理人ができること

追悼アカウント管理人になると、追悼アカウント化したページの壁紙を変更したり、新たな記事を投稿したりできます。ただし、ダイレクトメッセージの閲覧や生前に投稿されたコンテンツの取り下げ等はできません。あくまで追悼アカウントという保護ページを代理で管理するという位置づけにとどまります。

2 死後にアカウントの完全削除

前記ページにおいて、「友達」から追悼アカウントが申請されたときに、ページの抹消を求める設定も可能です。

なお、上記のような設定をしなくとも、エンディングノート等でFacebookのアカウントを削除してほしいと伝え、自分の死後に遺族からアカウント削除を依頼してもらうという工夫も有効でしょう。

死後に削除

アカウントを削除することを選択すると、あなたが亡くなったという報告があった後は、すべてのメッセージや写真、投稿、コメント、リアクションと情報がすぐにFacebookから完全に削除され、誰もあなたのプロフィールを見ることができなくなります。

追悼アカウントは、亡くなった人を偲ぶための癒しの場になるという声がたくさん寄せられています。アカウントを削除するかどうかを決める際には、家族や友達と相談することを強くおすすめします。

死後にアカウントを削除しない　○
死後にアカウントを削除する　◉

保存

詳しくはこちら

引用：Facebookの公式アプリ
　　　「死後に削除」画面

2 Instagramを利用している場合

1 Instagramアカウントの探しかた

Instagramアカウントは、以下の3通りの方法で探すことができます。

① Instagramで故人の名前や電話番号等を検索する方法
② 友人に確認する方法
③ スマホやパソコン内を検索する方法

1 Instagram上で故人の名前や電話番号等で検索する方法

Instagramは、Facebookと同じ会社が運営していますが、Facebookほどは実名文化が浸透していません。そのため、Instagram上で、氏名で検索してもヒットしないことも多いといえます。

一方で、電話番号登録しているアカウントであれば、故人の電話番号から検索できる可能性があります。

また、Facebookと連動する設定になっている場合は、Facebook上から検索をかけて該当するアカウントを探すことも可能です。ただし、非公開アカウントに設定している場合はフォロワー以外からは見つけられない点に注意が必要です。

2 友人に確認する方法

上記1の方法でも発見できない場合には、生前親しくしていた方にInstagramのアカウントの有無を尋ねるなど、調査の協力をお願いするとよいでしょう。

3 スマホやパソコン内を検索する方法

故人が遺したスマホやパソコンが開けるなら、インストールされているアプリや、ブラウザーのブックマーク（お気に入り）から利用の有無を確認することもできます。

② Instagramアカウントのしまいかた

故人のInstagramのアカウント処理方法は、Facebookと同様、故人のIDやパスワードでログインしない限り、以下の2通りの方法に限られることとなります。

> ① アカウントの削除
> ② 追悼アカウント化

申請の流れと必要な書類は、先に紹介したFacebookと同じ（68頁参照）となりますので、本節では詳細の説明を割愛します。

申請ページについては、Instagramの「ヘルプセンター」で「追悼アカウント」や「亡くなった人」などで検索するとよいでしょう。

また、故人の近親者であればアカウントの削除を依頼できるところもFacebookと同じです。やはり「ヘルプセンター」で該当するページを検索するとよいでしょう。

追悼アカウントは復元可能

自分のアカウントが誤って追悼アカウントにされてしまった場合は、本人であればヘルプセンターより通常アカウントに戻すように申請できます。Facebookも同様です。

③ Instagramアカウントの残しかた

2021年7月時点では、Instagramは、Facebookのような「追悼アカウント管理人」や「死後の削除」設定などの生前準備機能を搭載していません。

死後に備えるなら、エンディングノートやパスワード管理表などにIDとパスワード、希望する処理方法を書いておくのが最も確実な方法といえるでしょう。

3 Twitterを利用している場合

1 Twitterアカウントの探しかた

Twitterアカウントは、以下の3通りの方法で探せます。

① Twitterで故人の名前等を検索する方法
② 友人に確認する方法
③ スマホやパソコン内を検索する方法

1 Twitterで故人の名前等を検索する方法

Twitterは非公開アカウント（通称：鍵アカ、鍵垢）でもプロフィールページは検索でヒットするので、そういう面では捜索しやすいSNSといえそうです。

しかし、匿名文化が根強く、家族からみて本人と特定するのが困難なアカウントも数多く存在します。メインのアカウントのほかにサブアカウント（通称：サブアカ、サブ垢）を複数抱えていたり（通称：複アカ、複垢）、カップルやチームで運用していたりすることもあるので、Twitterに慣れていない家族が、使いこなしている人の全容を把握するのは難しい一面があります。

2 友人に確認する方法

上記1の方法でも発見できない場合には、生前親しくしていた方にTwitterのアカウントの有無を尋ねるなど、調査の協力をお願いするとよいでしょう。

3 スマホやパソコン内を検索する方法

故人のスマホやパソコンに使用の痕跡、あるいはIDやパスワードが残っていれば、ログインして調べる道筋もあります。

2 Twitterアカウントのしまいかた

Twitterはアカウントの譲渡を禁止していますが、カップルアカウントや法人アカウントのように複数人での運用は認めています。このスタンスを応用して、故人の実名アカウントを家族やスタッフが引き継いで訃報を載せたり運用を続けたりする事例も少なからず見られます。同様にこの方法でアカウントを抹消したとみられるケースもあります。

つまり、IDとパスワードさえ把握できれば、「アカウントチームの一員」、あるいは「故人の代理人」としてログインして、当該のアカウントを処理できるわけです。

原則としては、他のSNSやブログでも同じことがいえる可能性がありますが、規約内での解釈で対応できる幅が広いところがTwitterの特徴といえるでしょう。

とはいえ、道義的な問題は別にあるので、故人の意思に反したり、フォロワーをないがしろにしたりするような振る舞いは当然避けるべきです。

COLUMN

自動ログインできても抹消はできないケースも

Twitterのアカウントを抹消する際は、パスワードの入力が求められます。故人のスマホやパソコンにログイン設定が残ってい

れば、そのままログインして訃報をツイートしたり削除したりはできますが、パスワードが分からなければアカウントの抹消は不可能です。

このため、故人のツイートやアイコンを遺族が手動で全削除して、空っぽになったアカウントだけを残している事例も散見されます。

COLUMN

ログインできない場合はヘルプ機能を利用する

IDとパスワードが分からない場合は、Twitterの「ヘルプセンター」の「亡くなられた利用者のアカウントについてのご連絡方法」から運営会社に削除依頼を送る方法があります。

引用:Twitterのヘルプセンターより

死亡証明書や依頼者の身分証明書の画像データをそろえた上で、リクエストページに進んで必要な情報を入力します。基本的な流れはFacebook等と変わりませんが、削除依頼の専用フォー

ムがなく、手続は相当に煩雑になります。

3 Twitterアカウントの残しかた

　死後の処理を家族や友人に託すなら、万が一の際にIDとパスワードを託せるように備えておくことが大切です。

　逆に、自分と結びつけられたくないアカウントがあるなら、死後に紐付けられないように日頃から心がけるべきでしょう。

COLUMN

Twitterにも追悼アカウント機能が実装される？

　2019年11月末にTwitterは「休眠アカウントを随時抹消する」と突然宣言し、世界中から猛批判を浴びました。長らくログインしていない休眠アカウントには故人のアカウントも含まれるため、抹消されるのは悲しいという声が上がったのです。

　これを受けてTwitterは発表を撤回。故人のアカウントを保護する機能を実装するまでは抹消を実施しないと約束しました。保護機能は、早ければ2021年内に実装される見込みです。

---

4 LINEを利用している場合

1 LINEアカウントの探しかた

　LINEの利用者数は2021年3月末時点で8,800万人を超えています。原則として一つの電話番号につき1アカウントしか持て

ないことを考えると、スマホの利用者の大半がLINE IDを持っていると推測できます。

　一般的には、家族間のやりとりにLINEが利用されているケースが多いものと思われるため、あえて「探す」必要はないケースが多数かとは思います。

　しかし、故人と遺族の関係によっては、「遺族側が、故人のLINE利用の有無を知らない」という状況があり得ます。このようなケースにおいては、以下の方法によりLINEアカウントを調査するとよいでしょう。

---

① 故人の電話番号から検索する方法

② スマホやパソコン内を検索する方法

③ 友人に確認する方法

④ 銀行口座やクレジットカード履歴から確認する方法

---

1 故人の電話番号から検索する方法

　LINE IDは、基本的に電話番号と紐付いているので、故人の電話番号が重要な糸口となります。ただし、電話番号やIDからの検索や「友だち」申請を許可していない場合は、「友だち」以外のユーザーが見つけることはできません。

2 スマホやパソコン内を検索する方法

　パソコンにLINEアプリをインストールしている場合もありますが、LINEは大抵スマホで使われます。故人のスマホが開ける状況ならば、スマホのLINEアプリを起動して探すのが最も確実な方法といえます。

3 友人に確認する方法

故人の近しい友人にLINE利用の有無やIDについて尋ねてみることも有効でしょう。

4 銀行口座やクレジットカード履歴から確認する方法

キャッシュレス決済サービス（140頁参照）である「LINE Pay」のほか、「LINE MUSIC」や「LINEマンガ」など、有料コンテンツを利用している場合は、銀行口座やクレジットカードの履歴から使用状況を突き止めることもできます。

COLUMN

スマホがなくてもLINE IDは持てる

LINE IDは固定電話や折りたたみ携帯電話（いわゆる"ガラケー"）、あるいはSMS（ショートメッセージサービス）が送れるデータ通信専用SIMがあれば取得できます。また、2020年4月まではFacebookアカウントのみでLINE IDが得られる方法もありました。

---

2 LINEアカウントのしまいかた

LINEは故人アカウントの引継ぎを想定しておらず、遺族による削除申請の窓口も用意していません。LINEセーフティセンターにある「故人のアカウントを閉鎖する」項目の説明文がスタンスを象徴しています。

> *LINEアカウントは，そのアカウントを作成されたご本人に限りご利用いただけるものです。そのため、ご遺族であっても故人のアカウントを引き継ぐことはできません。亡くなったご家族のアカウントの削除をご希望される場合は、お問合せフォームよりお問合せください。利用者が亡くなった場合の手続きは必須ではありません。特に何も手続きしない場合は、そのままアカウントが残る場合もあります。*

引用：LINEセーフティセンター「故人のアカウントを閉鎖する＞アカウントの閉鎖方法」https://linecorp.com/ja/safety/account

　故人のアカウントはそのままにしておいても構わないし、運営側に削除を求めるなら、本人がログイン情報を忘れた際のLINE IDの抹消を申請するのと同じ要領で問い合わせれば応じるというスタンスです。

COLUMN

そのままにしても突然他人のIDとなることも

　電話番号を解約すると、早い場合は3か月程度で別の誰かの電話番号として再利用されます。その新たな電話番号の持ち主がLINE IDを取得すると、初期設定の段階で旧持ち主のアカウントページが新たな持ち主のものに切り替わります。

　つまり、故人の電話番号を持ち続けない限り、故人のLINE IDは削除しなくても、いつでも消失するリスクをはらんでいるわけです。

　故人の形見としてLINE IDを維持することは規約上も認められていません。

3 LINEアカウントの残しかた

　以上のように、LINEアカウントは死後の活用は認められていません。持ち主ができることは、万が一のときに備えてIDやパスワードなどを残しておくことのみです。

COLUMN

LINEのデータは保管するのが意外と難しい

　LINEは多くの人の日常に欠かせない道具となっていますが、長期的な保管が難しい側面があります。

　自分が元気でいるときでも、親しい友人や家族のアカウントが消滅したら、過去のやりとりから相手のアイコンが失われます。機種変更の際にバックアップに失敗したら、過去のやりとりやダウンロードしたコンテンツなどもやはり消えてしまいます。

　電話での会話が基本的にその場限りであるように、LINEのやりとりも儚い(はかな)ところがあります。

　長く残しておきたいと思えるメッセージや写真があれば、その場でスクリーンショットを撮ったり別のアプリで保存したりする。機種変更の際はしつこいぐらいにバックアップ設定を確認する。……など、日頃からLINEの儚さを意識した付き合い方をすることが、「残しかた」の極意なのかもしれません。

5 ブログ、ホームページ等を利用している場合

1 運営サイトの探しかた

　ブログやホームページ（以下、「運営サイト」といいます。）などは、SNSと比べると体裁やデザインまで自分でプロデュースできる領域が広く、実名や匿名の調整も人それぞれです。

　故人の氏名でインターネット検索して見つかることもありますし、併用しているSNS等のリンクからたどれる場合もあります。

　また、アフィリエイト（99頁）を利用していたり、レンタルサーバーを契約したりするなど、お金のやりとりが生じている場合は、銀行口座やクレジットカードの履歴が糸口になることもあります。

COLUMN

インターネットの居場所は多種多彩

　そのほかにも、イラスト投稿サイトや写真投稿サイト、オンラインゲーム内アカウント、映画や音楽、書籍のレビューサイト、Wikipedia（ウィキペディア）などの百科事典サイトの編集者ページなど、様々なところに"故人の居場所"が残されていることがあります。文章や動画が投稿できるメディアプラットフォームの「note（ノート）」も、年代を問わず利用者を増やしています。

　SNSもこれまで挙げた以外に、若い人に人気の「TikTok（ティックトック）」やビジネス向けの「LinkedIn（リンクトイン）」、国産SNSの草分けといえる「mixi（ミクシィ）」など、枚挙にいとまがありません。

紙幅の関係からすべての解説はできませんが、一般にインターネットを活用している人ほど複数のサービスを併用している傾向が強まることは確かです。
　一つのページにあるプロフィールリンクや投稿のリンクを追いかけていくことで、生前に知らなかった故人のページを発見することはよくあります。

2 運営サイトのしまいかた

　運営サイトには、遺族による承継を認めているタイプと、多くのSNSと同じく一身専属とするタイプがあります。

　その一方で、承継の可否を明言していないサービスも多く、直接問い合わせなければ確認できない場合もあります。

　つまるところ、同じようなサービスであっても、運営元のスタンスによって契約者の死後にとれる選択肢はバラバラとなります。このため、故人の運営サイトを見つけたら、個別に利用規約やQ&Aページを確認したり、運営元に問い合わせたりしなければなりません。

COLUMN

しまいかたの実情

　実際には、運営元の手続を通さず、故人の端末から遺族が、管理人（故人）としてログインし、訃報をアップしたりページを抹消したりするケースが少なからずあります。

　前掲のコラム（67頁）でも触れましたが、筆者（古田）は10年前から100社以上の運営元にその是非について尋ねています。し

かし、ルール違反だと厳しい姿勢で断じる回答をもらったことは一度もありません。逆に、積極的に勧める運営元も少数派です。

取材の感触としては、喫緊の対応であれば黙認するといいますか、お目こぼしに近い感覚でこの局面と正面衝突を避けている印象です。

③ 運営サイトの残しかた

死後にIDとパスワードを渡せるように備えるのはもちろんですが、利用しているサービスの死後対応のスタンスを調べておくことも重要です。

エンディングノート等に記載するなら、そのタイミングで利用規約やQ&Aコーナーを調べておきましょう。

COLUMN

レンタルサーバーは「承継可能」が主流？

レンタルサーバー（インターネット上のスペースやその住所＝ドメインを提供するサービス）を利用してブログやホームページを運営している場合は、支払いが続く限りはサイトが存続します。多くは遺族による承継や名義変更が可能ですが、一身専属性を有するものとして運用しているところも一部であります。こちらもスタンスのチェックは欠かせません。

各論 03 インターネットを利用した事業(副業)をしている場合

▶ デジ郎の死亡から1週間後……

そういえば、父さんはサラリーマンだったけど、なんかいろいろと副業をやっていたよね。
息子デジ太

妻デジ子
そうね。なんか、誰も見ないYouTube動画とか撮っていたわね、なんだっけ……。

定年サラリーマンの孤高のヒルメシだっけ、なんか、昼ご飯をぶつぶつ言いながら食べて……。

あんな気持ち悪いの、誰も見ないわよね？まったく……。

ちゃんとYouTube解約したの？

え、していないけど……必要かな。

YouTubeから収入を得ているかもしれないから確認した方がいいんじゃない？

ふーん、確認してみるわ。

あと、同じ内容のブログやっていたよね、グルメサイト的な。

あー誰も見なそうなやつね。

アフィリエイトやっているかもしれないから、確認してみたら？

アフィリエイトって何？

要するにネット広告のことだよ。
広告収入が入っているかも。

ええぇ、そんな収入あったの？　信じられない。

いやいや、念のため確認したらってこと。

でも、毎月数万でも入ってくるのであれば
家計が助かるわ。

ほかには何か有料のサブスクリプションサービス
を利用していたりしなかったのかな〜。

動画配信サービスみたいな？

そうそう。あと、クラウドサービスとかね。
まあ、大丈夫かな……たぶん。

何が？

いや、仕事に必要なデータが
そこにしかなかったら大変じゃない。
前にネットニュースで言ってたんだよ。

まぁ、いろいろと大変ね。

天国から……

故デジ郎

くううう……オレの超人気番組を
めちゃくちゃ言いやがって……

いや、わしも天国から見ていたが、おっさんが、
モノ食べながらぼそぼそ呟く動画なんて、誰が……。

デジ郎の
父チチ郎

各論 03 インターネットを利用した事業（副業）をしている場合

いや、オレのような味のあるオッサンが、孤高に食を楽しむ姿が……。

 にしても、仕事以外にいろいろとやっていたんだね。

 まぁね。

その情熱をちょっとでも……いや、何でもない。
ネットで活動していると、遺族は大変なんだよな。

 なんで？

いや、活動を一つずつ調べないといけないし、
解約手続も面倒だし。

 実は、アフィリエイトは、
いい定期収入になっているんだよね。
だから、デジ子もオレに感謝するだろう。

あーアフィリエイトは、
相続できないケースも多いから、
デジ子さん受け取れないかもよ。

 え？ なんで?? あのサイトを構築するのに
どれくらい時間がかかったことか……。

まぁ、利用規約に何と書いてあるかだと思うよ。

 覚えていないな……。

まぁ、ちゃんと手続できるとよいのだけどね。

本章の目次

1 YouTuber をしている場合 *95*
- 1 YouTuber 活動の探しかた *95*
- 2 YouTuber 活動のしまいかた *96*
- 3 YouTuber 活動の残しかた *97*

2 アフィリエイトをしている場合 *99*
- 1 アフィリエイト活動の探しかた *99*
- 2 アフィリエイト活動のしまいかた *101*
- 3 アフィリエイト活動の残しかた *102*

3 フリマアプリ等を活用している場合 *103*
- 1 フリマアプリ等の探しかた *103*
- 2 フリマアプリ等のしまいかた *104*
- 3 フリマアプリ等の残しかた *106*

4 クラウドソーシングで仕事をしている場合 *107*
- 1 クラウドソーシングの探しかた *107*
- 2 クラウドソーシングのしまいかた *107*
- 3 クラウドソーシングの残しかた *108*

5 サブスク等の定額課金サービスを利用している場合 *110*
- 1 サブスク等の定額課金サービスの探しかた *110*
- 2 サブスク等のしまいかた *111*
- 3 サブスク等の残しかた *114*

はじめに

　インターネットを利用した事業（副業）は、年々バリエーションが広がっており、もはや誰が実践していても不思議ではありません。

　最近では、配信した動画の再生数等に応じて広告収入を得る、いわゆる「YouTuber[1]」が目立っていますが、ブログやホームページ等にネット広告を貼って成功報酬を得るアフィリエイト（アソシエイト）は四半世紀の歴史があります。

　また、フリマアプリ[2]やオークションサイト（以下、「フリマアプリ等」といいます。）を使って不要品やハンドメイド品を販売するのも一種の事業（副業）の範ちゅうに含まれると考えてもよいでしょう。

　そのほか、イラストや文章、プログラミングの作成などの作業を、インターネットを通じて不特定多数の人々に発注する仕組みである「クラウドソーシング」も利用者が安定して伸びています。

　一方で、サブスクリプションサービス（等の定額サービス）なしに、事業環境を整えるのが難しくなっている側面もあり、そうした定期的な支出も把握する必要があります。

---

1 ） YouTuberとは、一般的にYouTube上での動画公開により収益を得ている方（YouTubeパートナープログラムの審査を通過している方）のことを指しますが、ここでは後述の審査を通過していない方も含むものとします。
2 ） オンラインで個人間による商品等の売買を行うことができるサービスのことを指します。2018年暮れから終活や生前整理のツールとして注目されるようになり、シニア層にも急速に普及しています。

こうしたネット環境下の事業活動の主な形態について、探しかた、しまいかた、残しかたを見ていきましょう。

1 YouTuberをしている場合

1 YouTuber活動の探しかた

故人によるYouTuber活動の有無（YouTube上のチャンネルの有無）を調査する方法は、以下のとおりです。

---
① YouTube上で、名前等から故人のチャンネルを探す方法
② 友人に確認する方法
③ 預貯金口座において、Googleからの振込みを確認する方法

まずは、YouTubeにアクセスし、故人の氏名や事業等の名称等から故人のチャンネルを探すこととなるでしょう。見つからなければ、故人が生前親しくしていた方にYouTubeチャンネルの有無を尋ねる等、調査の協力をお願いするのも1つの方法です。また、故人が、YouTuberとして収益を得ている場合、Googleからの定期的な振込みが確認できるはずですので（通帳などの口座の取引履歴には、「グーグル（ド」と表示。）、お金の流れからも確認することが可能です。

YouTubeで収益を得るには「YouTubeパートナープログラム」という厳しい審査を通過する必要があります。チャンネル登録者数1,000人以上、動画の総再生時間4,000時間以上などが

最低条件になるので、故人のYouTubeチャンネル情報をチェックしてみるとよいでしょう。

COLUMN

YouTuberの収益の種類

YouTubeパートナープログラムの審査が通ると、動画広告の再生回数等に応じて支払われる広告収入のほか、生配信などに付属するチャット機能（スーパーチャット。略して「スパチャ」）で視聴者から直接お金（投げ銭）を受け取ったり、月額制の特別ページの登録者数に応じてメンバーシップ費を得たりもできます。

このため、スーパーチャットやメンバーシップ機能の痕跡から、収益の有無を推測するといったこともできそうです。

ちなみに、過去に投稿済みの動画に視聴者が「投げ銭」できるスーパーサンクス機能も、2021年7月に追加されました。今後も新たな収益の道筋が増えていく可能性があります。

---

② YouTuber活動のしまいかた

YouTubeチャンネルは、当人の生死と連動しないので、視聴者に利用されている限り、収益が上がり続けることも考えられます。ただし、振込口座が凍結されてしまうと、YouTubeからの収益の振込みができなくなってしまいます。

残されたYouTubeチャンネルを処理する場合は、Googleアカウントヘルプにある「死去したユーザーのアカウントに関するリクエストを送信する」ページにアクセスして、Googleに対して各種のリクエストを行う必要があります。

ここで故人と申請者（遺族や法定代理人）の情報を書き込み、それらを証明する英語に翻訳された公的書類をアップロードします。サイトの閉鎖や収益の取得希望なども同時に添えてリクエストし、Googleによる個別審査を待つ流れとなります。

　2020年6月、筆者（古田）の取材に対して、Googleはこう回答しています。

　「逝去されたユーザーの方のアカウントに関しては、ご家族や代理人の方からの情報を基に、適切であると判断した場合には、故人のアカウントの閉鎖、データの取得、収益に関するリクエストを行うことができます。逝去されたユーザーに関するリクエストは、ユーザーの情報のセキュリティ、安全性、プライバシー保護の観点より、慎重な審査のうえ決定しています。」

③ YouTuber活動の残しかた

　本業または副業として、自身がYouTubeで収益を上げているなら、死後に希望する処理方法も含めて家族に伝えておくのが最も簡単で確実な方法といえます。

　他のデジタル遺品に関しても同じことがいえますが、没後に最も素早く対応してくれるのは家族です。自分の身に何か起きたとき、いかに家族に伝わるようにするか（対応してくれるようにするか。）が重要になります。

　口頭で伝えておくのもいいですし、エンディングノート等に記載しておくのも有効でしょう。

COLUMN

アカウントを法人化する手も

　YouTubeは法人アカウントで活動することもできます。チームで一つのチャンネルを展開するため、あるいは節税のために法人化したと思われるケースもあります。加えて、自分の死後にアカウントを引き継ぎやすいというメリットもあります。

　いざというときも、一緒に撮影している仲間や活動の事情を理解している家族に柔軟に関わってもらうことができるため、終活の観点でも選択肢が広がります。

COLUMN

「このメールが届いた頃、僕は……」

　「Googleアカウント無効化管理ツール」（166頁参照）では、個々の相手に用意したメッセージを自動で送ることができます。メッセージは自由形式なので、「このメールが届いた頃、僕はもう亡くなっているかもしれない。……」といった内容を添えることも可能です。

　使い方次第で、心情を綴ることもできますし、将来デジタル遺品となるデジタル財産などの情報をまとめて、漏れがあったときのフォローを施すこともできます。

2 アフィリエイトをしている場合

1 アフィリエイト活動の探しかた 🔍

　アフィリエイト（アソシエイト）とは、ブログやSNS、ウェブ
サイト、メールマガジン（以下「メルマガ」といいます。）等に
貼った広告の成果に応じて報酬が受け取れるサービスを指しま
す。広告の表示回数や読者によるクリック回数、購入された商
品の売り上げの一部など、報酬の条件は様々ですが、契約者が
自ら発信する場を舞台にネット上で展開される点に違いはあり
ません。

　以下の2つの方法で、故人のアフィリエイト活動を調査する
こととなります。

---

① 故人のウェブサイト等から広告を確認する方法

② お金の流れからアフィリエイト活動を把握する方法

---

1 故人のウェブサイト等から広告を確認する方法

　まずは、故人が残したブログやSNS、ウェブサイトを見つけ
て、表示されている広告から契約しているアフィリエイトサー
ビスを突き止める方法です。

　ブログやウェブサイトなら、バナー広告や、記事内の埋め込
み広告を探します。ただし、無料ブログや無料ウェブサイト作
成サービス等を使っている場合は、運営元による「利用者に無
料で提供するため」の広告も貼られていることがよくありま
す。このため、複数ある広告から、故人が契約して報酬を得て
いるアフィリエイトを見つけ出す必要があります。

99

SNSでのアフィリエイトは、投稿記事に紹介文つきで広告用のURL(ユーアールエル)を貼り付けるタイプが一般的です。特定の商品やサービスをプッシュする投稿の頻度がヒントになることもあります。また、最近はアフィリエイト用の投稿に「PR広告」や「【PR】」「＃広告(ハッシュタグ)」などと記載することが推奨されているので、それらのキーワード（「PR」や「広告」など）でサイト内検索をかけるのも有効かもしれません。

　一般公開されていないメルマガの場合は、登録サイトを調べたり受信メールを確認したりするのが一般的といえます。

　また、パソコンやスマホにサイトへの投稿履歴等が残っていたら、そこから探し出す手もあります。

2　お金の流れからアフィリエイト活動を把握する方法

　次に、他の収入でも共通していますが、口座への振込み名義から割り出す方法です。預貯金口座の履歴をつぶさに調べていきましょう。YouTuberのパート（95頁参照）で触れたとおり、Googleのアフィリエイトプログラムである「Googleアドセンス」なら「グーグル（ド」などと表示されます。同じくAmazon(アマゾン)の「Amazonアソシエイト・プログラム」なら「アマゾンインク」などと表示されているはずです。

　なお、アフィリエイトの収益は毎月定額が振り込まれることはまれで、毎回金額にばらつきがあったり、数か月に一度程度の割合で振り込まれたりすることが多くあります。これは、成果報酬のため報酬が一定しないことと、報酬が一定額に満たない月は翌月以降に振込みが先送りされる規約になっているケースが多いことが関係しています。

100

2 アフィリエイト活動のしまいかた

1 遺族からの申告

アフィリエイト・サービス・プロバイダ[3]（ASP）側も、やはり契約者の安否を知る仕組みはないので、遺族からの申告で契約者の死亡を把握するケースがほとんどです。

2 ユーザー死亡後の対応について

⑴ 死後の対応

契約者の没後の対応は運営元の規約によって異なります。Amazonアソシエイト・プログラムのように、アカウントの名義や振込先の変更申請を受け付けているサービスは少なく、もっとも多いのは死亡時に契約終了となるタイプとなります。この場合、契約者が亡くなった時点で報酬を受け取る権利も失効するのが一般的です。

⑵ サポート体制

また、サポートの手厚さもサービスごとに大きな差があります。Googleアドセンスのように専用フォームが用意されているのは珍しい部類に入ります。FAQページや利用規約に会員死亡時の対応を明記していないケースの方が多いのが現状です。

サポートページで「死亡」や「相続」などのキーワード検索がかからない場合は、メールや電話で個別に問い合わせるのが早道です。

3） ASP（アフィリエイト・サービス・プロバイダ）とは、広告主とアフィリエイター（広告を掲載する人）を仲介する業者を指します。

3 お金の流れにはご用心

　ユーザー没後も死亡の連絡がなされず、アフィリエイトに関する契約が継続し、振込先口座も機能している場合は、広告報酬に応じて支払いが続くことになります。しかし、前述のとおり一身専属契約である場合には、事後的に不正な状況をとがめられる危険があります。

　継続性のあるお金の流れは、出る方向も入る方向も早めに把握することが大切です。その上で状況に応じて、窓口に相談したりサイトを閉じたりといった措置を検討しましょう。

③ アフィリエイト活動の残しかた

　第一にすべきなのは、自身が契約しているアフィリエイトサービスの死後対応を確認することです。その上で選べる道筋を踏まえ、適切に備えましょう。

　一身専属性で名義変更や譲渡を認めていない場合は、死後に誰にも気づかれないままになってしまうと、家族にも運営元にも迷惑をかけてしまうおそれがあります。

　日頃から家族と話をしておいたり、エンディングノート等に「契約解約必須」と備考を添えて記載しておいたりする気遣いが求められます。

　名義変更が可能な場合は、家族が希望するなら選べるように道筋を残しておくのが親切でしょう。メモの備考欄に「名義変更可」と添えておくのがよいかもしれません。

3 フリマアプリ等を活用している場合

1 フリマアプリ等の探しかた

　フリマアプリ[4]等を利用している人が、取引の最中に亡くなるケースもあり得ます。売り手として品物を発送しなければならなかったり、買い手として金額を振り込まなければならなかったり、と状況は様々です。

　フリマアプリ大手の「メルカリ」、「ラクマ」や「PayPay（ペイペイ）フリマ」、ネットオークション大手の「ヤフオク!」などはトラブルを回避する対策を講じていますが、遺族の立場でもいち早く現状を把握したいところです。

　故人のフリマアプリ等の利用の有無については、以下の方法で確認されるとよいでしょう。

---

　①　アプリ一覧でチェックする方法

　②　ブラウザーでチェックする方法

　③　お金の流れから把握する方法

1　アプリ一覧でチェックする方法

　フリマアプリ等は、スマホに専用アプリを入れて利用している人が多くを占めます。故人のスマホを開いてインストールされているアプリを網羅的にチェックして、フリマアプリ利用の有無を確認しましょう。

4）　前掲注2）参照。

2 ブラウザーでチェックする方法

パソコンでフリマアプリやオークションサイトを利用していることもあります。この場合はインターネットブラウザーの「ブックマーク」や「お気に入り」を確認しましょう。

直近の取引を確認するなら、インターネットブラウザーの閲覧履歴をたどるのも効果的です。また、メールソフトを立ち上げて、送受信済みのメールを「出品」「落札」「入札」といったキーワード、あるいはサービス名で検索をかけるのも有効です。

3 お金の流れから把握する方法

アフィリエイトと同じく、お金の流れから把握する手もあります（100頁）。

ただし、「メルカリ」におけるメルペイや「PayPayフリマ」におけるPayPayなど、同グループの決済サービスでやりとりしていることも多く、クレジットカードや預金口座に固有の履歴が残らない可能性があることは留意しておきましょう。

② フリマアプリ等のしまいかた

遺族の立場で特に急いで確認したいのは、現在進行形の取引の有無です。

アプリに取引相手からのメッセージが大量に届いていたり、運営元から通知が届いていたりした場合は、関係各位に現状を伝えて事態の収拾に努めることになります。まずはサービス提供会社に問い合わせましょう。その上で利用規約上問題がなければ代理としてアプリにログインし、差し障りがありそうなら

遺族個人の連絡ツールを使うなどしてやりとりします。

　故人が出品者側の場合で、買い手や落札者が確定している状況なら、先方に事情を伝え、相続人として可能な限りの手を打ちます。成立前の出品商品は速やかに取り下げたいですが、取引検討中の利用者から質問等が届いている場合は一言添えて撤退するのが無難だと思います。

　なお、相続放棄を視野に入れている場合、フリマアプリ等の事後処理については関与しない方がよいでしょう。

1　フリマアプリ残高のしまいかた

　商品の売買代金（売上残高）は、いったん各サービス内でプールし、振込申請をすると指定口座に送金されるという仕組みが一般的です。残高がある場合はすべて振込処理としたいところですが、指定口座が凍結済みの場合は処理できません（規定により「1,000円以上」「1万円以上」など一定額に達しないと振込みができない仕様のサービスもあります。）。

　この場合は遺族として運営元に相談し、適切な処理方法を尋ねるのが最も確実です。サービス内のポイントは換金されないことが多いですが、売上残高は所定の手続を踏めば代表相続人の口座に振り込んでくれます。

　なお、前述のように、売上げをメルペイやPayPayといったキャッシュレス決済サービスにチャージしているケースもあります。この場合はキャッシュレス決済サービス側での手続となるので、後掲の各論05（140頁）を参照してください。

3 フリマアプリ等の残しかた

フリマアプリ等のアカウントについては、各サービス提供会社の運用上、相続の対象とはならないというスタンスをとっているケースが多く、相続人へのアカウントの引継ぎは認められない可能性が高いといえます。

取引中に自分が死亡したり身動きがとれなくなったりする事態に備え、日頃から家族に利用しているフリマアプリを伝えておきましょう。また、本書の巻末に載せている「スマホのスペアキー」（163頁参照）を作っておけば、いざというときには家族がスマホの調査を通して使用状況を把握してくれる可能性も高まります。

残高を残せるサービスが増えている

フリマアプリやキャッシュレス決済サービスなど、個別に残高を貯めておけるサービスが増えています。ちょっとした残高があると各サービスを利用するのに便利ですが、死亡時にお金の置き場所があまりに分散していると、遺族の手間がかさんでしまいます。

「5万円を越えた分は口座に振り込む」「半年に一度は振り込み処理する」など、無理のない範囲で自分流のルールを決めておくのが親切かもしれません。

4 クラウドソーシングで仕事をしている場合

1 クラウドソーシングの探しかた

故人のクラウドソーシングの利用の有無については、以下の方法で確認されるとよいでしょう。

---

① アプリ一覧でチェックする方法

② ブラウザーでチェックする方法

③ お金の流れから把握する方法

クラウドソーシングで仕事をしているなら、「クラウドワークス」や「ランサーズ」などの仲介サービスと契約していることがほとんどです。

スマホのアプリ一覧やブラウザーのブックマーク（お気に入り）で、各仲介サービスの利用履歴等が見つかれば手っ取り早いのですが、預貯金口座の入金履歴から長期的に利用している仲介サービスを見つける手もあります。

アフィリエイトや他の収支サービスをまとめてチェックするのが効率的でしょう。

2 クラウドソーシングのしまいかた

故人が利用していた仲介サービスが分かれば、サポート窓口に連絡して死後処理の方法を確認するのが確実です。

一般的に、クラウドソーシングの報酬は納品した仕事に対して支払われるので、（受注を受けた仕事がすべて終了している限り）

契約者の死亡により対価の支払いがストップすることはありません。所定の手続を経れば、残高がある場合には、相続人の口座に支払われることとなります。

　未納の仕事が残ったままになっている場合は、取引先になるべく早めに事態を知らせましょう。

　なお、仲介サービスに届く遺族からの相談は、会員数100万人を超える大手であっても年に１〜数件程度といいます。仕事を納めれば規定の期日に報酬が振り込まれる仕組みで、新規の仕事は自ら手を挙げなければ入ってきません。そうした構造から、遺族の不安の種になるケースはあまり多くはないようです。

３ クラウドソーシングの残しかた

　クラウドソーシングの仕事中に迷惑をかけるとすれば、家族よりも取引先になる可能性が高そうです。仕事を請け負って納品するまでの期間は、不測の事態に陥った場合には、その状況がいち早く先方に伝わるように日頃から配慮すべきでしょう。

　家族にそれとなく進行中の仕事のことを伝えることができるに越したことはないですが、進行中の仕事のファイルはスマホやパソコンの目立つ場所に置いておく習慣をつけておくだけでも、いざというときの対応に大きな差が出るといえます。

COLUMN

クラウドファンディングの痕跡も要注意

　ネットを使ってお金を集める手段としては、「クラウドファンディング」も急激に成長しています。「多くの人に便利な道具を作りたい」「一大イベントを実施したい」など、立案した企画に対して不特定多数の賛同者から出資してもらう仕組みです。「READYFOR」や「CAMPFIRE」など大手サービスでも個人で始められます。

　そうしたプロジェクトを立ち上げて資金を募っている最中に、もし主催者が亡くなってしまったら……。

　プロジェクトの中止を原則として受け付けていないサービスでも、主催者が亡くなり、引き継ぐメンバーがいないというやむを得ない事情には応じてくれます。事態を把握したら、運営元と相談して公開ページに中止の旨を記載し、返金手続などを進めることになるでしょう。

5 サブスク等の定額課金サービスを利用している場合

1 サブスク等の定額課金サービスの探しかた ⚏ 🔍

　サブスクリプション[5]をはじめとする定額課金サービス（以下、「サブスク等」といいます。）は、月ごとまたは年ごとにサービス利用料が自動引き落としされる契約類型となります。

　利用料の支払いが規則的に発生するため、クレジットカードや預金口座などのお金の流れから探すのが合理的でしょう。

　その補助として、スマホでApple IDやGoogleアカウントに紐付いたサブスク一覧を確認する方法もあります（次頁の「スマホのアカウントからサブスクを調べる」参照）。なお、いずれも他のアカウントに紐付いたサブスクやサービスと個別に取り交わした契約は拾えないので、全体像を把握するための一つの手段というとらえ方で利用しましょう。

5）　定額料金を支払うことで、サービスを一定期間利用することができるビジネスモデル等を指します。

スマホのアカウントからサブスクを調べる

iPhone	Android
「設定」メニューでユーザー名から「サブスクリプション」に進むと、Apple IDを通して契約しているサブスク等を確認できます。	Google公式のアプリである「Google Playストア」を開いて設定メニューにある「お支払いと定期購入」から「定期購入」項目をタップすると、Googleアカウントでの契約が確認できます。

2 サブスク等のしまいかた

　サブスク等の支払いを止める最も簡単な方法は、クレジットカードの停止または預貯金口座の凍結による引落し処理の「強制停止」となります。

個別に契約中のサービスに遺族として問い合わせ、公的書類
をそろえて状況を証明し、自らの意思を示す……といった手間
をかけることなく一網打尽に支払いを止めることができます。
Microsoft もアカウントの停止方法が分からないときにこの方
法をとることを推奨しています。

　しかし、この手法には以下のようなリスクもあります。

---

　①　個別に処理しないことによる利用料金の滞納リスク
　②　業務等に必要なサービスも停止してしまうリスク

1　個別に処理しないことによる利用料金の滞納リスク

　サブスク等を提供している側は、基本的に契約者の生死を確
認するすべがありません。上記方法を提供会社側からみると、
突然引落し処理がストップして、支払われるべき利用料が支払
われなくなったという認識となります。

　Microsoft のように会員死亡時はそれもやむなしとしている
ところもあれば、会員の死亡後も有料版の支払義務は継続する
旨を利用規約に明記しているクラウドサービス「Evernote」
のような例もあります。運営元によって、そのスタンスはバラ
バラとなります。

　実際、クレジットカードをストップした数か月後に、登録し
ていた住所に紙の請求書が届いたという報告もブログや SNS で
しばしば見受けられます。

　上記のような滞納（または請求書）を避けるためにも、契約
中のサブスクはできるだけ個別に退会や無料化の措置をとる方
がよいでしょう。

　その上で、上記のように預貯金口座の凍結により支払いをス

112

トップするとともに、数か月後に請求書等が届く可能性も考慮しておく、というスタンスが現実的といえます。

COLUMN

放置アカウントを停止措置する動きも

動画配信サービス「Netflix」は2020年5月から、一定期間アクセスしていない有料アカウントを休止する措置を実施しています。

入会後から1年以上、もしくは直近で2年以上アクセスのない有料アカウントにはメールとアプリで契約の継続を尋ねるメッセージを送り、反応がない場合はアカウントを自動的にキャンセルする仕組みです。

キャンセル後も10か月は視聴履歴などが保存されるので、期間内に再契約すれば元どおりに楽しめます。

アカウントを作ったことを忘れたり、パスワードを紛失したり、亡くなったり。そうした放置パターンに対して能動的に解決策を施す企業は、今後増えていくかもしれません。

---

2 業務等に必要なサービスも停止してしまうリスク

もう一つ警戒したいのが課金制のクラウドサービスです。強制停止によって契約が打ち切られると、そこに保存されているデータも消失してしまいます。

Apple IDに紐付いた「iCloud」は5GBまで無料で使えますが、最大2TBまで使えるサブスク等があります。Googleアカウントも無料で使える容量は15GBまで。それ以上は「Google One」という有料サービスを契約する必要があります。Microsoftも「OneDrive」の有料版を用意していますし、「Dropbox」や「box」、「Evernote」も有料化して容量や機能を増強できます。

　これらのクラウドサービスを、あえてサブスク等で利用している人は、何かしらの有用なデータを残している可能性が高いといえます。スマホやパソコンの中身を丸ごとバックアップしていることもよくあります。

　同じく、故人がレンタルサーバーを借りてホームページを運営しているケースもあります。こちらも存在を調べずに支払いを停止すると、ウェブサイトごと失いかねません。

　やはり、まずは利用状況をできる限り調べ、アカウントやデータを引き継ぐ必要性を判断した上で、支払い元を絶つなどの不可逆的な処理を実行するのが賢明な手順といえるでしょう（巻頭のvii頁参照）。

３ サブスク等の残しかた

　残す側（つまり、利用している側）で重要なのは、契約中のサブスク等を種類分けすることです。①自分が動けなくなったとき、解約となっても家族や仕事仲間が困らないものと、②そうでないもの。後者に関わるサブスク等は、有事の際に家族等に存在が知れるように備えておきましょう。

　「スマホのスペアキー」（163頁参照）を活用するのもよいですし、信頼のおける人に普段から伝えておいたり、チームで運用できるサービスであれば自分以外の管理人を指定しておいたりする対策も有用です。

　自分の没後はお金の流れはいずれ止まります。そこに残され

た人たちに託すべきものが残る可能性があるなら、きちんと備えておくべきでしょう。

購入済みのコンテンツは相続できる？

　サブスク等で利用しているサービスは、お金の支払いが止まったり解約したりすれば当然使えなくなります。それでは、買い切りタイプの電子書籍や音楽データ、動画ファイル、アプリなどはどうなるのでしょうか？

　スマホやパソコンに保存されているものは、購入者の死後も当然そのまま残っています。遺族等がアクセスすれば、これまでのように再生したり利用したりできるはずです。

　しかし、買い切り型のデジタルコンテンツの多くは閲覧権や使用権のみを販売するスタンスをとっています。この場合、購入者はコンテンツを「所有」しているわけではありません。閲覧権等が遺族に引き継げるか否かはサービス提供元の利用規約によりますが、現在は相続不可のケースが多くを占めます。

　例えば、紙の本は購入者が所有権を持っているため、亡くなった後に誰かに託したり図書館に寄贈したりできます。しかし、同じ本を電子書籍で購入した場合、その後の選択肢は利用規約に縛られ、多くはアカウントの消失とともに閲覧する権利が消失してしまう可能性が高くなります。

　電子コンテンツをコレクションしていて没後も誰かに託したいと考えている人は、まず提供元の利用規約を調べてみましょう。

各論 03　インターネットを利用した事業（副業）をしている場合

各論 04 投資・資産運用をしている場合

▶ デジ郎の死亡から2か月……

妻デジ子

四十九日も終わったし、
そろそろ相続を考えないといけないわね。

父さんの遺産って、
実家の不動産と預貯金くらい？

息子デジ太

そうね……。そういえば、父さん、
ネット証券口座とか持っていなかったのかしら。

そういえば、よく株価なんか見てたよね。

どこのネット証券会社を使っていたか、
知ってる？

そこまでは知らないな……。
パソコンのブラウザーのブックマークに
登録されているんじゃない？

ぶらうざー？ 何それ？ 強そうな名前ね。

インターネットを見るためのソフトだよ、
グーグルクロームとかサファリとか……。

あーインターネットエクスプローラー[1]のこと？

---

1) Microsoftより、Internet Explorer 11（IE11）のサポートについては、2022年6月15日をもって終了することが発表されましたので、ご注意ください。

そうそう。

ブックマークって、お気に入りのこと？

そうだね。
よく見るサイトは登録しているはずだよ。

ありがとう、見てみるわ。
でも、パソコンは共有にしてたから、
スマホで見ていたかも。それだと分からないわ。

ネット証券であっても、口座開設時の資料は自宅に
届いているはずだから、見つかるかもしれないよ。

そんな資料は今のところ出てきていないわね。

父さんの銀行口座の通帳に、証券会社からの
入金とかない？　その方が早いかもしれないな。

直近の通帳には、なかったわね。
探してみるわね。

あとは……もしも上場企業の株式投資をしていた
のであれば、『ほふり』に問い合わせをすれば、
どこの証券会社を使っていたか分かるみたいよ。

ほふり？

証券保管振替機構のことだよ。
上場企業の株式等の管理をしている機関だよ。

いろいろ面倒ね。これだけ調査して、
たった数十円しか残高なかったら、
天国で文句いってやる。

死んでも文句を言われるのか……。
大変だな、父さんも。

天国から……

故デジ郎

オレのへそくりが見つかってしまう……。

> 死んだ人間にへそくりも何もないわ。
> にしても、お前が投資とはな……。

デジ郎の
父チチ郎

投資じゃなくて、
資産運用ね。いろいろ勉強したんだぜ。

> にしても、ちゃんと
> 証券会社名だけでも共有しておかないと、
> 遺族は本当に困るんだよな。

まぁ、確かに、色々と大変そうだね。
まぁ、へそくりだったから、
共有するつもりもなかったけど。

> なんてやつだ……ところで、
> デジ子さんは証券口座をもってるの？

さぁ、持っていないんじゃないかな。

> それだと、証券口座を作るところから
> 始めないといけないから、
> さらにまた面倒になるな。

こういうことなら、
デジ子にも証券口座を開設させて、
指導しておくんだったよ。

ところで、お前
ビットコインとかは、やっていたのか？

いや、だいぶ前に売り抜けたよ。
急騰したとき、
またやろうと思っていたんだけどね、
やってたら今頃……。

そんなことは、神の味噌汁だな。

神のみぞ知る、だろ。
相変わらずだね！

本章の目次

1 ネット証券口座を持っている場合　122
1 ネット証券口座の探しかた　122
1. 故人のパソコンやスマホの履歴、アプリ等を確認する　122
2. 口座開設資料や、その他証券会社からの書面を確認する　123
3. 故人の預金通帳において、証券会社に関する出入金の有無を確認する　124
4. 証券保管振替機構（ほふり）へ問い合わせる　124

2 ネット口座のしまいかた　125
1. ネット証券口座の相続手続　125

3 ネット証券口座の残しかた　128

2 暗号資産（仮想通貨）を持っている場合　129
1 暗号資産の探しかた　129
1. ウォレットの種類　130
2. ホットウォレットの探しかた　132
3. コールドウォレットの探しかた　134

2 暗号資産のしまいかた　135
1. まずは、ウォレットを見つけて秘密鍵を得る　135
2. 取引所ウォレットのしまいかた　137

3 暗号資産の残しかた　138

はじめに

　ネット証券で口座数トップとなるSBI証券は、2021年3月のリリースで600万口座を突破したと発表。対面証券1位の野村證券の証券口座数を抜き、話題となりました。また、ネット証

券2位の楽天証券も、証券口座数を2020年の1年間で100万口座以上も増やし、2021年5月には600万口座を達成。ネット証券口座の開設数は、ここ数年で急激に伸びています。

一方で、ネット証券の口座開設者の中には、家族には内緒でこっそりやりたいという方も多いようです。

故人からネット証券の話なんて聞いたことがないから、「ネット証券なんてやっていないだろう」ではなく、「ひょっとしたらネット証券をやっているかもしれない」という意識をもっておかれるとよいでしょう。

故人の財産状況を把握し、適切に相続手続を行うため、ネット証券から暗号資産といった、資産運用や投資に関するデジタル遺品の探しかた、しまいかた、残しかたを見ていきましょう。

COLUMN

家族に内緒で証券口座開設なんてできるの？

ネット証券会社で証券口座を開設する場合、口座開設手続をすべてネット上だけで完結することはできません。

ネット証券口座であっても、最初の「口座開設完了資料」(口座開設通知等)については、「資料」が自宅まで転送不要の簡易書留郵便で郵送されることとなります。

逆に、この資料さえ家族に内緒で受領することができれば、家族にまったく内緒で、証券口座を持つことは可能です(口座開設後の連絡等については、ネット上だけで完結させることは可能です。)。

実際に、口座開設時において、他の家族が家にいない日や時間帯を見計らって郵送を手配してもらうケースも多いようです。

各論 04 投資・資産運用をしている場合

1 ネット証券口座を持っている場合

1 ネット証券口座の探しかた

　故人のネット証券口座を探す場合には、以下の方法で調査するとよいでしょう。なお、利用している証券会社の「名前」さえ分かれば相続手続は可能なため、IDやパスワードまで突き止める必要はありません。

---

① 故人のパソコンやスマホの履歴、アプリ等を確認する。

② 口座開設資料や、その他証券会社からの書面を確認する。

③ 故人の預金通帳において、証券会社に関する出入金の有無を確認する。

④ 証券保管振替機構（ほふり）へ問い合わせる。

---

1 故人のパソコンやスマホの履歴、アプリ等を確認する

　ネット証券口座を開設している場合、故人のパソコンやスマホの中に、取引証券会社に関する手がかりが残っている可能性があります。

　以下のような手法を用いて、取引証券会社名を特定するとよいでしょう。なお、パソコンやスマホ等にログインできない場合は、前掲の各論01（28頁以下）をご参照ください。

---

(1) **パソコンの場合**

① ブラウザーのブックマークやお気に入り等で、証券会社のホームページが登録されていないかどうかを確認する。

② ブラウザーの履歴で、証券会社のホームページへアクセ

スしていないかどうかを確認する。

③　Google等の検索履歴で、証券会社の名前を検索していないかどうかを確認する。

④　受信済みのメール履歴から「証券」等のワードで検索し、証券会社からのメールが来ていないかどうかを確認する。

⑤　パソコン内の検索機能により、「証券」というキーワード等で検索し、「証券」という名称のついたファイル等の有無を確認する。

⑵　スマホの場合

①　ネット証券に関するアプリの有無を確認する。

②　ブラウザーのブックマークやお気に入り等で、証券会社のホームページが登録されていないかどうかを確認する。

③　ブラウザーの履歴で、証券会社のホームページへアクセスしていないかどうかを確認する。

④　Google等の検索履歴で、証券会社の名前を検索していないかどうかを確認する。

⑤　受信済みのメール履歴から「証券」等のワードで検索し、証券会社からのメールが来ていないかどうかを確認する。

2　口座開設資料や、その他証券会社からの書面を確認する

　ネット証券会社の口座開設においては、本人確認のため、転送不要の簡易書留で、自宅まで書類が郵送されることとなっています。

　また、口座開設後の連絡について、ネット証券会社から、自宅宛てに各種書類等を郵送してもらうよう設定しておくことも可能です。

そのため、口座開設時の資料（口座開設完了資料）やその他証券会社からの郵送物が、自宅に存在する可能性があります。これらの資料を発見することができれば、取引証券会社名を特定することが可能です。

3 故人の預金通帳において、証券会社に関する出入金の有無を確認する

故人の銀行口座から、ネット証券口座に対し、投資用資金等のための入出金取引がなされている場合があります。ネット証券口座の有無を確認するべく、通帳や取引明細等で「証券会社」の名前を確認しましょう。

また、株式投資による配当等が銀行口座へ入金されているケースもあるので、「〇〇信託銀行証券代行部」等という表記も合わせて確認されるとよいでしょう。

なお、配当等については、証券口座へ直接入金させることも可能であり、開設当時の証券口座への入金しか取引が存在しないケースもあります。できる限り過去に遡って確認するとよいでしょう。

4 証券保管振替機構（ほふり）へ問い合わせる

証券保管振替機構は、上場企業の株式等の総合的な証券決済インフラ業務を行っています。端的にいえば、上場企業の株式等の所在をすべて把握している組織となります。

遺族は、証券保管振替機構に対し、故人が保有していた上場企業の株式等に係る口座が開設されている証券会社名等を確認することができます（これを「登録済加入者情報の開示請求」といいます。）。

このような開示請求により、故人が使用していた取引証券会社名を特定できる可能性があります。

　なお、故人が、非上場の投資信託や外国株式、国債、社債等にのみ投資をしている場合には、証券保管振替機構においても情報をもっておらず、証券会社名を特定することができない可能性があります。

COLUMN

最後の手段

　各ネット証券会社の口座開設数のシェアトップ3は、SBI証券、楽天証券、マネックス証券の3社で、口座開設数の約8割を占めているとされています。

　最後の手段として、この3社の相談窓口に個別に電話して、故人の証券口座の有無を確認する方法も頭の片隅に入れておきましょう。

　電話だけでは証券口座の詳細までは教えてくれませんが、証券口座の有無については回答してくれます。

---

2 ネット口座のしまいかた

1 ネット証券口座の相続手続

　ネット証券会社も、金融機関に変わりはありません。

　そのため、一般的な銀行や証券会社と同様、厳格な相続手続を経る必要があります。

　なお、証券会社における一般的な相続手続の流れは次のとおりです。

証券会社への連絡 ▶ **証券会社からの資料受領** ▶ **相続手続の実施**

(1) 証券会社への連絡

　まずは、証券会社に対し、故人が亡くなったこと（相続が開始されたこと）を連絡する必要があります。なお、相続に関する連絡方法については、各証券会社のホームページ等に記載されています。

　証券会社は、連絡を受けた時点で、個人の証券口座を凍結し、相続手続へ移行することとなります。なお、故人がＦＸ取引をしていた場合には、連絡を受けた日に手じまい（決済）されるケースが多いようです。

(2) 証券会社からの資料受領

　相続開始により凍結された故人の証券口座に関しては、相続手続により、相続人へ引継ぎを行う必要があります。

　そのため、証券会社から、相続人に対し、故人の証券口座の相続手続に関する必要資料が交付されます。

　なお、ネット証券会社であっても、相続手続をインターネット上で完結できるわけではない点に注意が必要です。

(3) 相続手続の実施

　基本的には、証券会社より送付された相続手続に関する資料に基づいて、必要書類に必要事項を記入の上、必要資料等をそろえることとなります。

　なお、必要資料については、各社で異なる可能性がありますが、一般的には、遺言書、遺産分割協議書のほか、印鑑登録証

明書や戸籍謄本、住民票等が要求されるケースが多いようです。

また、故人の証券口座における各資産を引き継ぐために、一般的には引継ぎ先となる証券口座が必要となります。

COLUMN

証券口座、持っていますか？

証券口座を相続する場合、相続する相続人は、証券口座を保有している必要があります。そのため、証券口座を持っていない相続人が相続する場合には、別途証券口座を作る必要があります。

ネット口座であっても、最短で1〜2週間はかかります。

ネット銀行も同様に対処

以上、ネット証券口座の探しかたやしまいかたについて解説してきましたが、ネット銀行についても対応方法はほとんど変わりありません。

取引のあるネット銀行名を特定し、各金融機関の相続相談窓口等へ連絡を行って相続手続を行う流れとなります。ただし、遺族が同じ銀行の口座を用意する必要はありません。

なお、ネット銀行の場合、キャッシュカードが発行されるケースが多いため、遺品整理により「キャッシュカード」を探すところからのスタートとなるケースが多いと思われます。

3 ネット証券口座の残しかた

　日頃からどこの証券会社と取引をしており、どのような取引をしているかまで家族と共有しておくことが望ましいのは間違いありません。

　しかし現実には、家族に内緒で投資している人がそのまま亡くなるというケースが少なからずあります。やはり不明な財産を抱える不安感など、余計なストレスを遺族に課すことになるので避けるべきでしょう。

　ネット証券口座の相続で必要なのは、「証券会社名」だけであり、ID・パスワード等や具体的な取引内容については、情報共有する必要はありません。万が一の際に、せめて取引をしている「証券会社名」だけでも、以下のような形で遺族に伝えられるようにしておくとよいでしょう。

- エンディングノートへの記載
- 口座開設時の資料等の整理
- 預金通帳といった、死亡時に確認される可能性が高い書類等に、証券会社名等をメモ書きしておく

COLUMN

「証券相続」の今後について

　今後、証券投資をしたことがない方が、突然多額の証券を相続した等というケースは増加していくと思われます。

　このようなケースにおいて、相続人が「何の考えもなしに」証

券を売ってしまい、後で「売るべきではなかった」と後悔する事例は多いようです。

証券は様々な仕組みがありますので、長期間保有するべき商品や満期まで保有しておいた方がメリットとなる商品もあります。

「あの時売っていなければ今頃……」ということにならないように、しっかりと証券分析をしてくれる専門家に相談されることをお勧めします。

2 暗号資産（仮想通貨）を持っている場合

1 暗号資産の探しかた

暗号資産（仮想通貨）は、ビットコインをはじめ、イーサ（イーサリアム）、リップル（XRP）、モナコインなど、様々な銘柄があります。それぞれにレートがあり、価値は日々変動しています。

暗号資産にも財産的な価値は認められており[2]、相続の対象となります。

暗号資産を処理する唯一の方法は、「秘密鍵」を保存した「ウォレット（財布）」を探し出すことです。

ウォレットにはいくつかのタイプがあり、見つけるにはそれぞれの特性を知る必要があります。

---

2) 資金決済に関する法律2条5項

COLUMN

秘密鍵・ウォレットとは

　「秘密鍵」とは、暗号資産の持ち主であることを証明するIDのようなもので、売買したり交換したりするのに欠かせません。秘密鍵さえ把握できれば、従来の持ち主と同等の権限を得ることができます。

　「ウォレット」とは、秘密鍵を保管する、いわば入れ物です。ウォレットの種類については、次の解説とコラムをご参照ください。

1 ウォレットの種類

　ウォレットは、大きく分けて「ホットウォレット」と「コールドウォレット」の2種類があります。

(1) ホットウォレットとは

　「ホットウォレット」とは、暗号資産を流動性の高い状態で保管するタイプの「ウォレット」です。独立したサイトに保管する「ウェブウォレット（取引所専用のウォレットを含む。）」、専用アプリをスマホにインストールする「モバイルウォレット」、専用ソフトをパソコンにインストールする「デスクトップウォレット」などがあります。

　頻繁に取引する場合にはとても便利な反面、オンラインからの脅威（不正アクセスの脅威）にさらされるリスクが比較的高くなります。

(2) コールドウォレットとは

「コールドウォレット」とは、秘密鍵の情報を物理的にインターネットから切り離した状態（オフラインの状態）で保管しやすい「ウォレット」です。具体例として、「ハードウェアウォレット」や「ペーパーウォレット」が挙げられます。

頻繁に取引するには不便ですが、オンラインからの脅威（不正アクセスの脅威）にさらされることは少なく、長期間保管するのに適しています。

なお、それぞれのウォレットは特徴も異なるため、複数のウォレットを使い分けているケースも珍しくありません。

ウォレットの種類

2 ホットウォレットの探しかた

(1) 取引所ウォレット

　暗号資産を入手する最もメジャーな方法は、暗号資産取引所（交換所）で所定の銘柄（通貨）を購入（日本円などと交換）する方法です。購入した暗号資産は、ふつう取引所内のウォレットに保管されます。契約者の所有する暗号資産はインターネットを介して取引所の画面から確認することができます。この口座は取引所のサーバー上で管理されており、契約者はインターネットを介してアクセスすることができます。これが、「取引所ウォレット（広義のウェブウォレット）」です。

　「取引所ウォレット」については、ネット証券口座アカウントの暗号資産版とイメージされると分かりやすいでしょう。

　そのため、ネット証券口座の探しかたと同様、故人のスマホやパソコンに残されたアプリ、受信済みのメールとブラウザーの履歴、確認できる預金口座の出入金の記録などを糸口にして取引所を突き止めるのが現実的でしょう（122頁参照）。

　なお、暗号資産取引所の口座情報は、紙の書類がないことが一般的です（ネット証券の口座開設のように、必ず書類が郵送されるわけではありません。）。

COLUMN

暗号資産の入手法

　暗号資産の入手方法はいくつかあります。暗号資産取引所を利用するほかに、個人間で交換や贈与することもできます。

　また、暗号資産の取引や新規発行処理を自前のパソコンを介して手伝う報酬として、その暗号資産を受け取る「マイニング」と

いう手段もあります。

　これらの方法で手に入れた暗号資産も、最終的な保管場所は秘密鍵の持ち主が自由に選べます。取引所の売買履歴だけをたどっても、すべての暗号資産の流れが把握できないこともあるということは頭の片隅の入れておきましょう。

⑵　モバイルウォレット

　モバイルウォレットとは、スマホのアプリ内で管理するタイプのウォレットです。必要なとき以外は、オフラインにすることで不正なアクセスを防ぐことができます。

　一般的にウェブウォレットよりも安全性が高く、取引も容易とされていますが、スマホの特性上、インターネットに接続する機会が多く、安全面では不安があります。

　アプリなのでスマホが開ければ、アイコンを探すことで見つけ出せます。アクセスできない場合は、クラウドやパソコンなどのバックアップ先を探すとよいでしょう。

⑶　デスクトップウォレット

　デスクトップウォレットは、上記モバイルウォレットのパソコン版です。利便性と安全性も同等で、おおむねホットウォレットに分類されます。

　専用アプリとして動作するので、パソコン内のインストールアプリの一覧やショートカットアイコンをチェックして探すとよいでしょう。

各論
04

投資・資産運用をしている場合

133

3 コールドウォレットの探しかた

(1) ハードウェアウォレット

専用の機器（ハードウェア）内で管理するタイプのウォレットです。

ウォレット専用デバイスとして作られたタイプのほか、市販のUSB（ユーエスビー）メモリや外付けハードディスクに専用ソフトをインストールしてウォレット化するものもあります。

このため、外見上では一般的な周辺機器と見分けるのは難しいこともあります。ただのUSBメモリと思ってパソコンに挿してみたらウォレットだった、ということもあり得るのです。

故人が暗号資産を所持している可能性がある場合は、パソコン机の周りにある周辺機器にも、通常以上に目を光らせて中身を調べてみる心がけが大切です。

COLUMN

何百万円相当の暗号資産、捨てちゃった

ハードウェアウォレットについては、上記のとおり、簡単に見た目で判断できるものではありません。

そのため、何百万円相当の暗号資産が保管されたハードウェアウォレットが遺族により捨てられてしまう、ということは、今後頻発するおそれがあります。

(2) ペーパーウォレット

秘密鍵をQRコードなどに変換して印刷し、書類として保管するタイプのウォレットです。

デジタル環境から離れるため、捜索のコツは紙の預金通帳や

保険証書、登記簿謄本などといった重要書類を探す場合に近くなります。銀行の貸金庫などに保管してあるケースもあります。

2 暗号資産のしまいかた

1 まずは、ウォレットを見つけて秘密鍵を得る

暗号資産の保有を証明するものは、それぞれの暗号資産に対応する秘密鍵のみです。

暗号資産は、とにかくこの秘密鍵を見つけることが重要です。秘密鍵が分からなければ、所持している暗号資産の額も分かりませんし、たとえ本人であっても、換金したり別の何かに交換したりすることもできません。

つまり、「ウォレットを見つけて秘密鍵を得る」、これが暗号資産をしまう（処理する）唯一の方法となります。

秘密鍵を見つけて、そのウォレットごと引き継ぐ等の対応を行うこととなります。なお、ウォレットの中身を把握できる遺族がいない場合は、暗号資産に詳しく、かつ信頼に足る専門家や団体に協力を仰ぐとよいでしょう。

秘密鍵を知らないから相続税はかからない？

秘密鍵が遺族に伝わっていない暗号資産は相続対象と見なされるのか――。この疑問は、2018年3月23日の参議院財政金融委員会で藤巻健史議員が発した質疑によって国税庁の見解が明確になっています。当時、国税庁長官代行を務めていた藤井健志氏が

答弁しました。なお、当時は国会でも暗号資産を「仮想通貨」と表現していました。

────────

藤巻議員：……仮想通貨の相続時の税制についてお聞きしたいんですが、仮想通貨のリスクというのは、パスワードを忘れちゃうともう引き出せないということがあるわけですね。……それでも相続税は掛かるのかどうか。……

藤井氏：……そして、パスワードとの関係でございますが、一般論として申し上げますと、相続人が被相続人の設定したパスワードを知らない場合であっても相続人は被相続人の保有していた仮想通貨を承継することになりますので、その仮想通貨は相続税の課税対象となるという解釈でございます。……

（第196回国会参議院財政金融委員会会議録第六号より一部引用）

────────

　つまり、遺族がパスワード（秘密鍵）を把握しているか否かに関わらず相続対象になると明言したわけです。

　売買の履歴などから、秘密鍵の所在は不明のままでも、暗号資産を所持している事実はだけは外部から把握できることもあります。もしも、故人のお金のやりとりの中から秘密鍵が不明の暗号資産が数億円相当見つかったら……。背筋の凍る状況ですが、今のところそういった事例はまだ確認されていません。ただし、起こり得るケースであることは確かです。

2 取引所ウォレットのしまいかた

ウォレットの中でも、対外的な手続が必要になるのがウェブウォレット、特に暗号資産取引所に開設された「取引所ウォレット」です。

契約者は秘密鍵を取引所に預けて運用しているので、遺族が秘密鍵を得るには取引所に連絡するしかありません。

ひと昔前は取引所によって相続対応がまちまちでしたが、財務（支）局長の登録を受けている取引所（暗号資産交換業者）なら、現在はおおむね次のとおりの手続で進められます。国内大手の取引所では、2019年頃には月間5〜7件程度の相続申請が届いているとのこと（古田調べ）で、現場の実務的にも珍しい手続ではなくなっている様子です。

1	契約者の死亡証明や相続人全員の身元証明などの書類を取引所に提出する。
2	取引所が残高証明書や暗号資産売却依頼書などを送付する。
3	遺族側が残高を確認し、必要書類とともに売却依頼を送付。
4	代表相続人の口座に円換算された残高が振り込まれる。

原則として口座解約とともに日本円に換金して相続人に出金する流れとなります。換金レートは死亡時のレートに基づくのが一般的です。ただし、市場流通量の少ないニッチな銘柄は個別対応となるようです。

故人が利用していた取引所のホームページにアクセスし、FAQページにて「相続」「死亡」などのキーワードで検索すれば、専用ページが見つかるはずです。もし、見当たらない場合

はサポート窓口に直接問い合わせしましょう。

　ただし、海外の取引所に口座がある場合は上記の限りではありません。各国、各取引所の定めた手続に基づいて処理を進める必要があるので、金融庁の登録暗号資産交換業者ではないと判明した時点で、暗号資産に精通した専門家に相談することをお勧めします。

3 暗号資産の残しかた

　暗号資産はウォレットを見つけて秘密鍵を把握しないと手出しできなくなります。一方で、秘密鍵が家族に伝わらなくても、暗号資産本体の所有が確認できれば相続税の対象となります。

　所有者が何も備えずに亡くなった場合、実態を把握するには一般的な金融資産以上に多大な労力をかけることになるでしょう。いざというときに誰も手が出せないということが容易に起こり得るのが、暗号資産の怖いところです。

　日頃から利用している暗号資産取引所やウォレットの置き場所などを家族と共有したり、エンディングノートに記載しておいたりするのがよいでしょう。「スマホのスペアキー」（163頁参照）に必要最低限な情報を記載しておくのも有効です。

　とにかく、暗号資産をへそくりにすると非常にハイリスクだということを念頭に置いて運用することが大切です。

COLUMN

死後に負債爆弾に変わることはある？

　秘密鍵が伝わっていない暗号資産が相続対象とみなされた場合、相続人はその分の相続税を納税する義務が生じる可能性があります。

　そのほか、暗号資産の証拠金取引を所持したまま亡くなった場合は、他のデリバティブ取引（金融派生商品）と同じように強制決済が間に合わずに資産自体が負債化することもあり得ます。国内のFX市場でいえば、そうしたケースは年間０〜５件程度発生しているようです。額は20万〜30万円程度。数千万円といった規模の負債は現実では起きていません（古田調べ）。

　FXと同様、故人の証拠金取引でできた巨額の負債が遺族を襲った事例は国内ではまだ報告されていません。しかし、不安の火種は潰しておくに越したことはありません。

各論 05 キャッシュレス決済サービスやポイントを利用している場合

▶ デジ郎の死亡から2か月……

> そういえば、父さんって、キャッシュレス決済アプリとか使っていたの？

息子デジ太

妻デジ子

> 何それ？

> なんとかペイとか……。

> あーどうだろう、新しいもの好きだったから、やっているかもね。

> 結構、残高あったのかな。僕は、いつも5、6万くらい入れているけど。

> どうやって調べるの？

> スマホの中を見るしかないと思うな……クレジットカードの取引履歴があれば、分かるかもしれないけど。

> 本当に面倒ね……。
> そういえば、
> お父さんの貯めていたポイントって
> 使えるのかしら？

ポイントのサービスをやっている企業に
問い合わせをしてみたら？
でも、ポイントは基本的には
使えないって聞いたことがあるな。

そうなの？
いろいろとポイントを
貯めてたみたいだったのに……。
こんなんだったら、ポイントなんて貯めずに
使わせておくべきだったわ。

ポイントは、棺桶まで持ち込めないからね。

ところで、マイレージはどうなの？
出張とかで、飛行機を使っていたみたいだし、
クレジットカードもマイルが貯められる
タイプのものだったけど。

マイルは相続できるって
聞いたことあるよ。
航空会社に聞いてみたら？

それはよかった！
たまにはお父さんも役に立つことがあるのね。

……。

天国から……

故デジ郎

あ〜○○ペイ、使っているな……
給料がそこに振り込まれるっていうから
ダウンロードしたんだ。

> わしにはよく分からん世界だな。

デジ郎の
父チチ郎

ははは……どんどん進化しているからね。
って、実は、オレもよく分かってないんだ。
とりあえず、
ダウンロードしてから考えるタイプだから。

> ポイントは結構貯めていたみたいだね。

いやー
死ぬとは思っていなかったから、
貯めて使うよりも貯めること自体が
目的化しちゃってたわ。
こんなことだったら、
ちゃんと使っておくんだったよ。
ポイントはこっちの世界まで
持ってこれないからね……無念。

> マイルは、デジ子さんに
> 使ってもらえそうでよかったな。

マイルは、もうほとんど残っていないんだよね。
マイルだけに、参る先はございませんってか。

> ……。

本章の目次

補講 キャッシュレス決済サービスの種類　*145*

1　キャッシュレス決済サービスを利用している場合　*147*
　1　キャッシュレス決済サービスの探しかた　*147*
　　1　スマホを開くことができる場合　*147*
　　2　スマホが開かない場合の次善策　*148*
　2　キャッシュレス決済サービスのしまいかた　*150*
　　1　残高の引継ぎ手続について　*150*
　　2　手続に必要な書類　*151*
　　3　申請するタイミング　*152*
　3　キャッシュレス決済サービスの残しかた　*154*

2　企業ポイントを所持している場合　*155*
　1　企業ポイントの探しかた　*156*
　2　企業ポイントのしまいかた　*156*
　　1　ポイントのしまいかた──マイレージ　*157*
　　2　ポイントのしまいかた──家電量販店ポイント　*157*
　3　企業ポイントの残しかた　*158*

=== はじめに ===

　スマホに表示したQRコードやバーコードで買い物するキャッシュレス決済アプリ、いわゆる"○○ペイ"は近年急成長を遂げています。シェアトップの「PayPay」は2021年6月時点でユーザー数が4,000万人を突破し、決済回数は昨年比で

2.5倍に伸長。買い物や水道光熱費、あるいは税金の支払い手段としても存在感を強めており、近いうちに現金やクレジットカードと肩を並べる決済手段に育ちそうな勢いです。

アプリ内に電子マネーが100万円ほど保存できるサービスも増えています。公共料金の支払いにも対応が進んでいて、地方税や自動車税をQRコードで納税する道筋も官民をあげて作られています。今後は数十万円をチャージしているというケースも珍しくなくなっていくでしょう。まさに、「スマホの財布化」です。

また、昨今では、上記のような決済サービスをはじめとする多くの企業によりポイントサービスが導入されており、「企業ポイント」が遺品として残るケースも同様に増えていくものと思われます。

故人の財産状況を把握し、適切に相続手続を行うため、キャッシュレス決済サービスや企業ポイントについて、探しかた、しまいかた、残しかたを見ていきましょう。

給与も電子マネーで支払い可能に？

　国内の企業や団体等が従業員に対して給与を支払う方法は、一部の例外を除き、現金支払いや銀行振込みに限られています。

　しかし、2021年1月には厚生労働省の審議会で、キャッシュレス決済サービスを使った給与振込みについて議題に上がるなど、新たな選択肢が示唆されています。

　将来、総務部に「毎月5万円分だけ○○ペイに振り込んでください」と申請するのが当たり前になれば、自ずとキャッシュレス決

済サービス内に残される電子マネーの額は上がっていくと予想されます。

補講 キャッシュレス決済サービスの種類

QRコードやバーコードで決済するキャッシュレス決済サービスには、サービス内に電子マネーを「チャージ」して、残高として貯めておき、そこから買い物などの支払いをする「チャージ型」、登録したクレジットカードや預金口座などでの支払いを橋渡しするだけの「非チャージ型」、そのどちらの方法も選べる「ハイブリッド型」があります。

ユーザーが亡くなったときに、アプリ内に電子マネーが残る可能性があるのは、「チャージ型」と「ハイブリッド型（のうち「チャージ型」を利用している場合）」となります。

「非チャージ型」は、いわばデビットカード[1]のようなもので、それ自体に電子マネーが貯まることはありません。

デジタル遺品の処理という趣旨では、ここの区別が重要となります。

なお、キャッシュレス決済サービスでは決済金額等に応じたポイントが付与されることがありますが、相続を認めない運用が多いようです。

1） デビットカードとは、カードによる支払いと同時に、自分の登録銀行口座から利用額の引き落としがされる仕組みのカードとなります。

主なキャッシュレス決済サービスのタイプと残高上限

タイプ	サービス	残高上限
チャージ式	PayPay	100万円
	au PAY	100万円
	LINE Pay	100万円
	メルペイ	100万円 ※チャージできる残高上限
	FamiPay	30万円 ※クレジットカードの場合 ※1か月のチャージ上限
	モバイルSuica	2万円
	QUOカードPay	10万円
	Pring	1億円
ハイブリッド式	d払い	30万円
	楽天ペイ	100万円 ※1か月のチャージ上限
非チャージ式	Apple Pay	―
	Google Pay	―
	ゆうちょPay	―

※2021年9月調査

COLUMN

キャッシュレス決済アプリ内の電子マネーの相続

　チャージ（プリペイド）型の電子マネーについては、資金決済法[2]上の「前払支払手段」に該当するものと解されており、相続

2）　正式な法律名称は、「資金決済に関する法律」です。

自体は可能と考えられています。ただし、会員死亡時に残高がゼロになり、払戻しには応じないと利用規約に明記しているケースもあります。この場合は相続を求めるのは難しくなりそうです。

1 キャッシュレス決済サービスを利用している場合

1 キャッシュレス決済サービスの探しかた ⟶ 🔍

以下の2つの方法で、故人のキャッシュレス決済サービスを調査することになります。

① スマホを開くことができる場合

② スマホが開かない場合の次善策

1 スマホを開くことができる場合

故人の利用しているキャッシュレス決済サービスを探すなら、故人のスマホ（またはタブレット）を確認するのが最も手っ取り早くて確実な方法といえます。

スマホを開くことができるなら、インストールされているアプリをチェックして、該当するアプリを見つけていきましょう。

「PayPay」や「au PAY」のようにサービス名そのままのアイコンは発見しやすいでしょう。一方、フリマアプリ「メルカリ」の内部に組み込まれた「メルペイ」のような例もあります。また、様々な決済アプリをひとまとめできる「Airペイ」アプリを利用している可能性もあります。様々な可能性を意識して探すのがコツです。

> COLUMN
>
> ## アプリを探すコツ+（プラス）
>
> 　スマホ内のアプリの配置は人それぞれですが、よく利用しているアプリほど、その人にとって意味のある場所に置かれているはずです。
>
> 　そうしたレイアウトもヒントとして、重点的に掘り下げるべき決済サービスを見つけ出す意識も重要です。

> COLUMN
>
> ## 原則は一つの端末に1アカウント
>
> 　キャッシュレス決済サービスの多くは、1台のスマホで一つのアカウントを利用する仕組みになっています。
>
> 　複数台のスマホを併用している人でも、複数台で同じアカウントを流用することは原則としてできません。複数台のスマホを使用していた場合は、すべての端末を個別に調べた方がよいでしょう。

2　スマホが開かない場合の次善策

スマホが開かない場合は、以下の2つの方法があります。

> ①　周辺アイテムを探る方法
> ②　お金の流れから探る方法

(1) 周辺アイテムを探る方法

Apple Watch(アップル ウォッチ)等のスマホと連携しているウェアラブル端末等がログインできる状態で残されているなら、端末内にインストールされたアプリや利用履歴からたどることが可能です。パソコン等の内部にバックアップデータが残っていたり、アプリ利用開始時のメールが残っていたりすることもあります。

また、長期にわたってキャッシュレス決済サービスを利用しているなら、旧スマホにアプリがインストールされたままになっていることもありえます。ただし、"○○ペイ"が流行したのは比較的最近のことなので、4～5年前の端末にはヒントが残っていない可能性が高いでしょう。

主要サービスのサービス開始時期

LINE Payは2014年12月、楽天ペイは2016年10月、d払いは2018年4月、PayPayは2018年10月、メルペイとau PAYは2019年から提供されています。

(2) お金の流れから探す方法

チャージ型のキャッシュレス決済サービスには、銀行口座やクレジットカードを登録して手早くチャージできる機能を備えているものが多くあります。

故人の銀行口座やクレジットカードが判明していれば、死亡時期から1年間分の取引履歴を取り寄せるとよいでしょう。よく使っている決済サービスほどお金の流れがはっきり見えるはずです。

この部分は、前掲の本書各論03で取り上げた「サブスク等の定額課金サービスの探しかた」（110頁参照）と共通しています。

2 キャッシュレス決済サービスのしまいかた

1 残高の引継ぎ手続について

キャッシュレス決済サービスの大半は、利用規約において一身専属性を有するもの（相続させることはできないもの）と規定されており、遺族がアカウントごと引き継ぐことはできないと考えておくとよいでしょう。

一方で、前述のとおり、アプリ内のチャージ型の電子マネーの残高については、特段の規約がない限り、相続自体は可能といえます[3]。

ただし、2021年7月時点では相続専用のフォームや窓口を設けているサービスは限られています。Q＆Aページやサポートメニューにも相続手続に関する項目がないケースが多数という状況です。

そのため、遺族は各サービスのサポート窓口に問い合わせを行い、企業の個別対応を通して相続手続を済ませることになりそうです。

3）「前払支払手段」については、資金決済法上、原則として払戻しは禁止されていますが（資金決済に関する法律20条5項）、アカウントごと引き継ぐことができない場合には、例外的に払戻しが許容される余地もあるものと考えられます（前払式支払手段に関する内閣府令42条3号参照）。

キャッシュレス決済サービスやポイントを利用している場合

> **COLUMN**
>
> ## PayPay利用規約[4]
>
> **PayPay残高利用規約**
>
> **第5条　権利義務などの譲渡の禁止および相続**
>
> （編注：前半省略。以下、後半の「ただし、」以下）
>
> *利用者に相続が発生し、利用者のPayPay残高アカウントにPay-PayマネーまたはPayPayマネーライトの残高が残っていた場合、当社は当社所定の方法に基づき、法令に定める例外事由等を考慮の上、当該利用者の保有するそれらの残高を正当に相続又は承継すると当社が確認した者に対し、振込手数料を控除した額を振り込みます。*

2　手続に必要な書類

　電子マネー残高の引継ぎ手続においては、一般的な相続手続と同様に、契約者（故人）の死亡を証明する公的な書類や故人と申請者の関係性を示す書類の送付を求められるのが一般的です。

　一方で、業界全体の統一ルールがないため、サービスごとに必要書類や手続の流れに差が出てしまうのが実情です（実際のところ、まだ手探りで相続に応じているサービスが多いようです。[5]）。

各論 **05**

4）　https://about.paypay.ne.jp/docs/terms/paypay-consumer-terms/

5）　モバイルSuicaのサービスにおいては、「死亡した会員の退会（払いもどし）手続き」に関する専用ページを用意しており、他のサービスの参考にもなりそうです。

151

COLUMN

LINE Payの相続手続

　LINE Payの相続手続に関し、提供元は次のように回答しています（LINE Pay株式会社広報）[6]。

　「*亡くなった方のLINEアカウント内のLINE Pay残高の返金のご要望については、お問い合わせがあった場合、故人がアカウントを保持していたことの確認や、故人と申請者との関係等の確認等を、死亡証明書や戸籍証明書等、必要書類を確認させていただいた上で対応いたします。*」

3　申請するタイミング

　電子マネーの相続に期限はありませんが、あまり後回しにすると、「故人がアカウントを保持していたことの確認」（前述のLINE Pay広報）が困難になるおそれがあります。

　例えば、LINE PayはLINEアカウントに紐付いたサービスですが、故人が使っていた電話番号を手放した後、別の誰かがLINEを始めてしまったら、故人のアカウントの痕跡は、その方に上書きされてしまうことになります（85頁参照）。その段階になって相続手続を相談すると、原状の把握（故人によるアカウントの有無やチャージ残高等の確認）が困難になってしまいます。

　このため、故人のスマホの通信契約を解約する前の段階で、故人が利用し、かつ残高が残っている可能性のあるキャッシュレス決済サービスに問い合わせるのがよいでしょう。不可逆的な処理は一番最後に回すのが鉄則です（巻頭のvii頁参照）。

6）　2020年6月筆者（古田）取材より。

COLUMN

アカウントのスクリーンショットは確保しておきたい

　何らかの事情で手続が後回しになる場合も、サービスのアカウントページのスクリーンショット[7]（以下、「スクショ」といいます。）が残っていれば、必要な情報の消失が防げます。

　サポートとのやりとりも円滑になるので、「とりあえずはスクショ」と覚えておきましょう。

PayPayアカウントのスクリーンショット例

---

7) スクリーンショットとは、パソコンやスマホ等の画面上に表示されたものの全体を撮影した画像のことをいいます。

3 キャッシュレス決済サービスの残しかた

　前述のとおり、キャッシュレス決済サービスは、基本的に一身専属性を有するため、その場合はアカウント自体を相続対象として引き継ぐことはできないと考えられます。

　一方で、電子マネーの残高は基本的に相続の対象となります。

　しかし、前述のとおり、業界全体の統一ルールもなく、今のところ残高の引継ぎに関する申請作業は煩雑です。

　このため、残される家族のことを考えるのであれば、利用するサービスは、いくつも少額で分散させるよりも、ある程度、数を絞って利用するほうが親切かもしれません。

　そして、万が一のときに発見や手続が容易になるように、日頃から利用しているサービスを伝えること、「スマホのスペアキー」(163頁参照)等を利用してインストールしているスマホのパスワードが伝わるように備えることが必要になるでしょう。

　加えて、電子マネーの残高は相続可能だということも伝えておく方がよさそうです。新興のサービスゆえに、まだ死後の手続についてイメージしている人はまだ少ないと思われます。

COLUMN

相続の相談は少数ながら届いている

　筆者（古田）から、キャッシュレス決済サービスの主要各社に対し、相続対応の件数について問い合わせを行ったところ、2020年10月時点で、「2か月に1件程度」や「年に数件程度」という回答を得ました。同じ新興サービスの暗号資産（129頁）に比べると件数は少なめですが、これから社会全体の使用機会が上がっ

ていけば、事情は大きく変わっていくでしょう。

2 企業ポイントを所持している場合

運営元がキャンペーンなどで付与する「企業ポイント」は、上記キャッシュレス決済サービスのみならず、多くのサービスで提供されており、故人名義のポイントが貯まっている可能性があります。

ショッピングサイトを利用していれば、何らかのポイントが付くのが当たり前となり、ゲーム内ポイントや期間限定クーポン等、探せばきりがないほど世の中にあふれています。

デジタル遺品（15頁）の範ちゅうには含まれないものもありますが、近しい関係ともいえるため、簡単に解説します。

COLUMN

企業ポイントと相続

企業ポイントサービスの多くは、相続を想定していません。キャッシュレス決済サービスの場合も、電子マネーの残高は相続対象となっても、残存ポイントは引き継げないとする運用がほとんどです。

また、クレジットカードやショッピングモールのポイントなども相続対象とされないケースが珍しくありません。

後述する一部のサービスは、契約者の没後もポイントが引き継げる道筋を用意していますが、むしろ例外的な存在といえます。

キャッシュレス決済サービスやポイントを利用している場合

各論
05

1 企業ポイントの探しかた

上記のとおり、企業ポイントは非常に多くの種類があり、網羅的に調査することは非常に難しいと言わざるを得ません。

そのため、故人の生活スタイル等から使用頻度が高く、高額なポイントが残っている可能性のある企業ポイントサービスを特定し、重点的に調査するとよいでしょう。

COLUMN

企業ポイントサービスの特定方法の例

故人が、飛行機をよく利用しており、「マイルがたまった」等という発言をしていたのであれば、航空会社の「マイル」を貯めている可能性があります。

また、特定の家電量販店で買い物をよくされていた方であれば、その量販店独自のポイントを貯めている可能性が高いと推測されます。

---

2 企業ポイントのしまいかた

上記のとおり、企業ポイントは相続できる可能性が低いといえますが、ゼロではありません。

そのため、故人の残した「企業ポイント」が発見された場合には、まず、各企業のウェブサイト等で掲載されているポイントサービスの利用規約等を確認しましょう。利用規約等に明記されていない場合や分かりにくい場合には、各企業のサービスセンターへ問い合わせるのも手です。

デジタル遺品の範囲からは外れるかもしれませんが、比較的高額のポイントが残るサービスで相続可能な企業ポイントとして、日本航空（JAL）、全日本空輸（ANA）のマイレージ、家電量販店のポイントをピックアップして解説します。

1 ポイントのしまいかた——マイレージ

日本航空（JAL）と全日本空輸（ANA）いずれも、マイレージの利用規約上、契約者の没後に、マイレージの残高が相続できる旨が規定されています。

一般的な相続手続と同様、戸籍謄本等の必要資料とともに手続を行うこととなります。

なお、マイレージのまま引き継ぐ形になるため、引き継ぐ相続人も同じ航空会社のマイル口座等を所持している必要がある点に注意が必要です。

また、ANAのマイレージは「故人である会員のマイルの相続権を有することを証明する書類を弊社に会員の死亡後6カ月以内に提示する必要があります。」（ANAマイレージクラブ会員規約21条会員の死亡）と規定されており、手続期間の制限がある点に注意が必要です。

2 ポイントのしまいかた——家電量販店ポイント

家電量販店によってスタンスが異なり、また利用規約もしばしば改訂されているので、各ポイントサービスのスタンスを調べることが大切です。

例えば、ヨドバシカメラのポイント（ゴールドポイント）の場合、ポイントカードは家族と共有できるため、故人が貯めたポイントを家族が使うことに支障はありません。合算はできませ

んが、ポイントが残っているなら家族が使い切って構わないとされています。

　一方で、ビックカメラのポイント（ビックポイント）は2021年4月の利用規約改訂により、一身専属のスタンスが明記されました。生死を問わず家族同士の合算ができないルールとなったので、引き継ぎは諦めざるを得ません。

３ 企業ポイントの残しかた

　これまで見てきたように、死後に遺族に残すことができる企業ポイントはひと握りです。こつこつ貯めていても相続できないばかりか、有効期限を設けているサービスも多く、使わないまま消失してしまうリスクもあります。

　意識的に貯めているポイントがあれば、定期的に商品券や電子マネーに交換したり、買い物に活用することで実質的に現金化したりするなど、長期的に保有できる資産に変換するのが得策かもしれません。

特別付録

デジタル遺品の隠しかた *160*

特別付録 デジタル遺品の隠しかた

 天国から……

故デジ郎

にしても、今の時代、
おちおち死んでいられないね。
死んだだけで、
こんなに家族が困ることになるなんて…。

デジタル遺品だけとってみても、
こんなに大変なんだから、
一般的な遺品や相続手続は推して知るべし……
死んだから分かる、終活の重要性だな。

デジ郎の
父チチ郎

いやさ、デジタル遺品については、
いろいろな情報や希望等を残しておいた方が
よいってことは分かるんだけどさ。
中には見られたくないものもあるわけじゃない？
パソコンやスマホの
ログインパスワードを教えてしまったら、
すべて見られる可能性があるってことになるし、
どうも気が進まないな。
そりゃ、死んだらプライバシーも
何もないのかもしれないけど、
武士の情けというかさ……。

デジタル遺品の隠しかた、
っていう観点も必要ということか……。

そうそう。誰もが聖人君主じゃないんだから、
1つや2つ……
いや、数えきれないほどの見られたくない、
あんなデータやこんなアカウントが
あったりなかったりかもしれないよ。

おまえが、見られたくないデータを
持っていることはよ〜く分かったよ。

へへへ……バレたか。

結局は、きちんと希望を伝える
ということになるんじゃないかな。
どこに何があるか分からない、
という状況であれば、全部見る必要があるけど、
ここにこんなデータがあるから
ここを確認してください、ここ以外は見ないで、
って伝えておくことが重要なんじゃないかな。

見ないで、って伝えたら、
見たくなるでしょ？

故人から見ないでほしい、と言われて、
そのとおりに対応してくれるだけの
人間関係を築くこともあわせて、
デジタル終活なんじゃないかな。

一朝一夕にできるものではないんだね……。
にしても、日頃の対策が重要ということだね。
今度生まれ変わったら、
しっかりと終活をしておかないとな。

本章の目次

1. 3分で終わる、デジタル終活　*162*
2. デジタル遺品を隠したい　*168*
3. デジタル遺品を隠し通すことは難しい　*168*
4. デジタル遺品の隠しかた　*169*
    1. スマホ等へのログインを許可する場合　*170*
    2. スマホ等へのログインを許可しない場合　*173*

「スマホのスペアキー」のデザイン例　*174*

はじめに

最後に、多くの方が気にされている（？）デジタル遺品の隠しかたについて、解説したいと思います。

なお、冒頭でも記載したとおり、本書は、デジタル遺品に関する情報等をきちんと遺族に「残す」こと（デジタル終活）を推奨しており、遺族に対し、何らの情報も残さず、デジタル遺品をすべて隠そうとすることを推奨するものではありません。

いかに「残す」と「隠す」を両立すべきか、デジタル遺品を対象とした「デジタル終活」の永遠のテーマについて、一緒に考えていきましょう。

1　3分で終わる、デジタル終活

本書では、様々なデジタル遺品について、生前からの「残しかた」を解説してきました。

もちろん、できる限り多くの方に、エンディングノート等を活用してもらい、遺族にとって必要な情報を共有してもらいたいと考えています。

　しかし、一方で、終活全般を通していえることですが、「エンディングノートなんて、面倒くさい」「そんな時間がない」等という声もよく耳にします。

　そこで、本書では「３分で終わる、デジタル終活」として、「スマホのスペアキー[1]」を自作することを推奨しています。スマホ等の中にアクセスすることができれば、デジタル遺品の概要はつかめるため、たった３分でもコストパフォーマンスは最高です。

COLUMN
スマホのスペアキーの作り方

余っているご自身の名刺、あるいは名刺サイズの厚紙を使っ

---

1)「スマホのスペアキー」は、筆者古田雄介の登録商標です。デザインのテンプレートは古田のホームページ（https://www.ysk-furuta.com/）から無料でダウンロードできます。ぜひご利用ください。

て、早速「スマホのスペアキー」を作ってみましょう。

　パソコンやスマホ等（遺族が特定できるように特徴や商品名等も記載）、パスワード、記入日を書き込むだけです。

COLUMN

パスワードを生前のうちに知られたくない！

　パスワードをかけることは、安全にスマホを使う上でとても重要なことです。

　記載したパスワードを不意に（あるいは意図的に）見られないようにするために[2]、修正テープでマスキングしておきましょう。2～3回重ねると透けなくなります。裏からの透けを防ぐために、裏側のパスワード部分にも修正テープを走らせておくとよいでしょう。

　このカードを金庫や重要書類の入った引き出しに保管するだけで完了です[3]。

　元気なときに誰かが盗み見たとしても、重要な情報は隠されていますし、修正テープを削ろうものなら痕跡が残るので、気づいた時点でスマホのパスワードを変えて対処できます。そして、自分の身に何かが起きたときは、家族が他の重要書類と一緒に見つけて、パスワードを受け取ってくれます。

2）　あくまで自己責任の自衛策となる点にはご留意ください。
3）　火災や地震等のリスクに備えて、しかるべき保管場所に保管されるとよいでしょう。

(1) パスワード部分に修正テープを走らせます。透けないように二重にマスキングするのがポイントです。

(2) 預金通帳などの重要書類と一緒に、金庫や引き出し、フォルダーなどに保管しておくとよいでしょう。

　また、インターネット上の持ち物を終活する方法も、Google（グーグル）やApple（アップル）などの大手IT企業が提供する時代になっています。これらの機能も必要に応じて役立てるに越したことはありません。

COLUMN

「アカウント無効化管理ツール」を使おう

　Googleサービスに関する終活なら、「Googleアカウント無効化管理ツール」の活用は最重要ポイントといえるでしょう。

引用：Google「アカウント無効化管理ツール」設定画面
　　　https://myaccount.google.com/inactive

　YouTube チャンネルを含めたGoogleのすべてのサービスはGoogleアカウントに紐付けられています。このツールで設定しておけば、一定期間アカウントが使われなくなったときにそれらの行く末をひとまとめに指示しておけるので、誰にも把握されずに放置されるといったリスクが避けられます。

　プログラムが発動するまでの待機期間は 3 か月／ 6 か月／12か月／18か月の四択。その期間を過ぎてもログインがない場合に、数回のメール確認を経て設定した措置が稼働する仕組みです。

そのまま各種データもろとも抹消する道も選べますし、特定の相手と任意のサービスのデータを共有することもできます。誰かにYouTubeページを託したいなら「YouTubeとYouTube Music」、クラウド上の写真データを託したいなら「Googleフォト」を指定するといった具合です。

　なお、データの共有を選んだ上でアカウントの抹消を求める場合は、指定した相手がバックアップするための猶予期間として追加で3か月間を付与されます。

Apple IDも終活できる時代に

　iCloud上の写真やメッセージ、購入したアプリなども、死後の行く末について備えられるようになります。Appleは2021年秋から「デジタル遺産プログラム」というデジタル終活機能の提供を開始します。〈補足：同年12月提供開始〉

　これはApple IDの持ち主が亡くなったときに、iCloudを通してあらかじめ指定した相手に指定したデータを託せるようにするもの。

　いわばGoogleアカウント無効化管理ツールのApple版ですが、異なるのは発動条件。データを託される人がアップルに申請することで動き出す「人力型」になります。うまくいけば、「時限型」のGoogleよりも短期間で発動できるメリットがありますが、託す相手が動かなければいつまで経ってもデータが渡せません。

　それぞれに特徴があるので、狙い通りに機能するように日頃から個別に備える意識が大切です。

2 デジタル遺品を隠したい

　デジタル遺品は、一般的な遺品と比べて隠しやすい印象をもっている人が多いかもしれません。

　確かに、スマホ等のデジタル機器は、パスワードなどを設定してしまえば持ち主以外がログインすることは困難になります。いわば、スマホ等の中は自分だけが踏み込める世界。第三者の目を気にする必要はなく、家族を含めた他人には見せていない（見せられない）ものもそのまま置いておける。そう考えるのも無理ならぬことだと思います。

3 デジタル遺品を隠し通すことは難しい

　しかし残念ながら、遺族が本気でスマホ等の中身を調べようと思えばやりようはいくつかあります。

　パソコンのロック解除やデータをコピーする手段は複数ありますし、難攻不落といえるスマホでさえ、お金と時間をかければまったく手出しができないというわけではありません（36頁）。加えて、インターネットや外付けハードディスクなどにバックアップが残っていたり、押し入れに入れたままの古いデジタル機器から隠したいデータが見つかったりすることもあります。さらにいえば、今後の技術革新によって、現在は鉄壁とされるパスワードロックも、簡単に解除できる未来がもうすぐ訪れるかもしれません。

　結局のところ、本人の都合によりパスワードや生体認証等の壁で囲っても、デジタル遺品を完璧に隠し通すことは難しいといえます。

隠したいものを探られたくないなら、金銭が絡むものや家族写真などの思い出関連、それに連絡系統など、残された人たちが本気で探しそうなものを想像し、それらを分かりやすい場所に置いておくことが何より大切です。

　その上で残すものの動線に隠したいものを置かない。壁より先に道を作るのは、最も意識すべき鉄則として押さえておくとよいでしょう。

④ デジタル遺品の隠しかた

「隠したい」デジタル遺品をどう隠すか。

　スマホ等をベースに考えると、以下のとおり２つの場合分けが考えられます。

---

① スマホ等へのログインを許可する場合
② スマホ等へのログインを許可しない場合

---

　①の場合、遺族等に自身のスマホ等へログインしてもらい、デジタル遺品の処理をしてもらうこととなります。

　スマホ等へログインされることとなるため、当然「隠したい」デジタル遺品が発見されるリスクはありますが、後述のとおり、デジタル遺品の処理方法等を依頼しておくことで、ある程度リスクを避けることが可能です。

　一方で、②の場合には、遺族等に自身のスマホ等へのログインを認めないで、デジタル遺品の処理をしてもらうこととなります。この場合、残すべきデジタルデータを別の機器で管理保

存する習慣をつけたり、エンディングノート等に必要な情報を
リストアップして別途伝わるように準備したりする必要があ
り、手間がかかりますが、スマホ等へのログインを認めないた
め、「隠したい」デジタル遺品が発見されるリスクは最小限に
抑えることが可能といえます。

1 スマホ等へのログインを許可する場合

　遺族等にスマホ等へのログインをしてもらえるよう「スマホ
のスペアキー」（163頁参照）等でログインパスワードを共有の
上、スマホ等へのログイン後、どのような処理をしてもらいた
いのかをエンディングノート等で具体的に依頼することとなり
ます。

【例）エンディングノート等の記載例】

▶スマホの場合

　・電話帳にある、○○氏、○○氏、○○氏に死亡の連絡を
　　してほしい

▶パソコンの場合

　・「ドキュメント」の「仕事フォルダー」内にあるデータ
　　をすべて○○氏（連絡先090-××××-××××）に渡してほ
　　しい。

　一方で、依頼した領域以外のデータについては見ることなく
デジタル機器を廃棄してほしいという意思表示も同時に行うこ
とになります。

【例）エンディングノート等の記載例】

「必要なデータを取り出したら、他の部分は確認すること
なく、機器を物理的に破壊して処分してください。」

なお、上記のような意思表示をしても、故人と遺族との関係
によっては、スマホやパソコン等の機器内を捜索される可能性
があります（つまるところ、故人と遺族との関係を良好にしておく
ことも、デジタル終活の重要な要素の一つといえます。）。

そこで、以下のような方法を用いて、遺族の目に触れないよ
うに工夫するとよいでしょう。

【オフラインのデジタル遺品】

▶スマホの場合

① 隠しフォルダーや非公開ファイル設定を利用する方法

② メインとは別に隠す専用のサブアプリを利用する方法

▶パソコンの場合

① セキュリティ機能付きの外付けハードディスク等に保
存し、物理的破壊の上、廃棄するよう依頼する方法

② パソコンの階層構造等を利用し、簡単に見られないよ
うなフォルダーへデータを隠す方法

③ 暗号化した外付けハードディスクや内蔵ハードディス
クに隠したいファイルを保管する方法

④ 隠しフォルダーを作成し、その中に保存する方法

⑤ デジタル終活用のツールを利用する方法

……など

COLUMN

スケープゴート（生贄）作戦

　スマホのパスワードロック解除が高額であることを利用し、パソコンに家族が必要な情報を集約した上で、パソコンのログインパスワードだけを共有する方法も考えられます。

　この場合、スマホのログインパスワードを共有せず、開かないでほしいという意思表示を行うことで、スマホへのログインを防ぎつつ、遺族に必要な情報を共有することが可能です。

　ただし、常日頃からスマホのデータ等をパソコンと共有する処理に加え、それでも漏れてしまうデータ等についてはエンディングノート等で補完する必要があります。

COLUMN

第三者へ依頼する方法

　デジタル遺品の処理について、遺族以外の第三者に依頼する方法が考えられます。

　この場合、「死後事務委任契約」等といった契約を締結することとなりますが、オフラインのデジタル遺品については、スマホ等のデジタル機器が手元になければ処理ができず、遺族との連携が必要不可欠です。

　遺族に秘した上で、これらの死後事務委任業務を遂行することは、事実上不可能に近いと言わざるを得ない点は注意が必要です。

2　スマホ等へのログインを許可しない場合

　スマホ等のデジタル機器へのログインを許可しない（ログインパスワードも共有しない）場合には、遺族への引継ぎが必要な情報をすべてエンディングノート等に書き出しておく必要があります（もちろん、ワード等で作成し、プリントアウトしておくことも可能です。）。

　ログインパスワードを知られなければ、わざわざ遺族が高額な費用を支払ってデジタル機器のロック解除まで依頼しないだろうと油断をしている方もいるようです。

　しかし、パソコンについては、本書記載のとおり比較的安価にパスワードロック解除が可能であり、スマホについても、実は遺族が何らかの方法でパスワード（パスコード）を知っているというケースもあります。

　デジタル遺品につき、パスワードを共有していないから、見られることはないと安心することはできないと考えて向き合う姿勢が大切です。

COLUMN

オンラインのデジタル遺品の隠しかた

　オンラインに家族に見られたくないものがあるなら、まずは「隠し通せるか」を考えてみましょう。

　匿名アカウントで運用しているSNS（エスエヌエス）ページなどは、事情を知る知人が仲介しない限り、アプリ、ブラウザーの履歴やブックマーク等を確認されなければ気づかれない期待がもてそうです。

　ショッピングサイトやコンテンツサイトなどは購入履歴が残っていても、課金制でなければ現在進行形のお金の流れが発生して

いないので放置される傾向が強くなります。逆に月額や年額の契約が発生していると、停止する際に実態を調べられる可能性が高まります。

　以上を踏まえて、お金の流れを止めること、スマホ等にたどられる情報をなるべく残さないこと、すべてを知る友人を□止めすること（！）などが重要な鍵を握るといえます。

　それらを制御した上で、「Googleアカウント無効化管理ツール」（166頁）や「Apple IDデジタル遺産プログラム」（167頁）を利用して、いざというときに消去する備えを施すことを検討するのがよいでしょう。

「スマホのスペアキー」のデザイン例

スマホのスペアキー®
※修正テープの下にはスマホのパスワード等が書いてあります。万が一のときは 固い金属で削ってください。

スマホ名、サービス名

_____年_____月_____日作成

※　デザイン：旦木瑞穂

あとがき

「たった3分のデジタル終活で、助かる家族がいる」

　昨今、「終活」という言葉が当たり前に使われるようになりました。万が一のときに備えて、自分の身の回りのものを整理したり、財産を棚卸したり、周囲の大切な人たちに伝えるべきことを伝えたり——そうした行為の大切さが広く知られるようになってきたと実感します。

　しかし、終活を実践する人はまだそれほど多くないと言われています。終活の代表的な道具である「エンディングノート」は書店の一角を占めるほどの存在になっていますが、10年以上前から遺品整理サービスを営んでいる経営者の方は「現場で見かけることはまだありません」と話していました。同様の話を他の同業者の方や医療関係者の方からも聞きます。2021年現在も……。

　エンディングノートは、自らの持ち物や人間関係、思いを整理するのにうってつけです。しかし、きちんと整理できるがゆえに、書き切るのに相当な労力を要します。終活全般も同じく、きちんとやりきろうと思うほどにハードルが上がります。ましてや、海の物とも山の物ともつかないデジタル資産（遺品）の終活となると、相当骨が折れそうです。

　ですから、たった3分で構いません。

　お持ちの名刺や適当なカードサイズの紙を用意して、「スマホのスペアキー」を作ってください。それを大切なモノ入れなどに保管しておくだけで十分です。これをもって最低限のデジ

タル終活が達成できます。そして後の労力は、他の終活や、デジタル資産（遺品）の整理（あるいは隠したいものの作戦会議？）などに割り振ってください。

　本書をきっかけに、万が一の「備え」について考えて頂けたら幸いです。

　本書の執筆にあたっては、原稿を辛抱強くお待ちくださった日本加除出版の田中さやかさん、各専門分野から貴重なアドバイスを頂いた、㈱MONET　前野泰章様、デジタルキーパー㈱　冨田志信様、㈱Digtus　岡澤広知様、ＧＵ経営総合事務所　木野英明様、お葬式のひなた　増井康高様、遺品整理の埼玉中央　内藤久様、一般社団法人証券相続普及協会　小林裕様、㈱トゥーキューブス　柚木庸輔様、暗号資産専門家　中島宏明様、鶴澤税理士法人　笠和実先生、オフィスえん　馬場南様、ハッピーエンディングプランナー　西岡恭史様、水澤悟様、スマホのスペアキーのデザインを担当して頂いたグラフィックデザイナーの旦木瑞穂様、校正作業を手伝ってくれた、となりの法律事務所事務スタッフの五十嵐悠哉さんに、心より御礼申し上げます。

2021年9月

伊勢田篤史

古田　雄介

著者紹介

伊勢田　篤史（終活弁護士・公認会計士）

- 日本デジタル終活協会　代表理事
- 一般社団法人緊急事業承継監査協会　代表理事
- となりの法律事務所パートナー
- 私立海城高等学校卒業、慶応義塾大学経済学部卒業、中央大学法科大学院修了

「相続で苦しめられる人をゼロに」という理念を掲げ、終活弁護士として、相続問題の紛争予防対策に力を入れている。主な著書に『緊急事業承継ガイドブック　社長が突然死んだら』(税務経理協会)、『応用自在！覚書・合意書作成のテクニック』（共著・日本法令）、『ストーリーでわかる営業損害算定の実務　新人弁護士、会計数値に挑む』（共著・日本加除出版）、『改正民法と新収益認識基準に基づく契約書作成・見直しの実務』（共著・日本法令）などがある。
（ホームページ　https://digital-shukatsu.net/）

古田　雄介（ライター／ジャーナリスト）

- デジタル遺品を考える会　代表
- 名古屋工業大学工学部社会開発工学科卒業

建設現場の監督と葬儀社スタッフを経て、2002年からライター／ジャーナリストに転身。2010年から故人のサイトやデジタル遺品についての調査を始める。主な著書に『スマホの中身も「遺品」です　デジタル相続入門』（中公新書ラクレ）、『ここが知りたい！　デジタル遺品　デジタルの遺品・資産を開く！託す！隠す！』（技術評論社）、『故人サイト　亡くなった人が残していったホームページ達』（社会評論社）などがある。
（ホームページ　https://www.ysk-furuta.com/）

デジタル遺品の探しかた・しまいかた、
残しかた+隠しかた
―身内が亡くなったときのスマホ・パソコン・SNS・ネット
　証券・暗号資産等への対応や、デジタル終活がわかる本―

2021年10月7日　初版発行
2022年3月1日　初版第4刷発行

著　　者　　伊勢田　篤　史

古　田　雄　介

発行者　　和　田　　　裕

発行所　　日本加除出版株式会社

本　　社　　郵便番号 171-8516
東京都豊島区南長崎3丁目16番6号
T E L　(03)3953 - 5757(代表)
　　　　(03)3952 - 5759(編集)
F A X　(03)3953 - 5772
U R L　www.kajo.co.jp

営 業 部　　郵便番号 171-8516
東京都豊島区南長崎3丁目16番6号
T E L　(03)3953 - 5642
F A X　(03)3953 - 2061

組版　㈱粂川印刷　／　印刷　㈱亨有堂印刷所　／　製本　牧製本印刷㈱

落丁本・乱丁本は本社でお取替えいたします。
★定価はカバー等に表示してあります。
© A. Iseda, Y. Furuta 2021
Printed in Japan
ISBN978-4-8178-4754-6

JCOPY 〈出版者著作権管理機構　委託出版物〉
　本書を無断で複写複製(電子化を含む)することは、著作権法上の例外を除き、禁じられています。複写される場合は、そのつど事前に出版者著作権管理機構(JCOPY)の許諾を得てください。
　また本書を代行業者等の第三者に依頼してスキャンやデジタル化することは、たとえ個人や家庭内での利用であっても一切認められておりません。

〈JCOPY〉　H P：https://www.jcopy.or.jp、e-mail：info@jcopy.or.jp
電話：03-5244-5088、FAX：03-5244-5089

ストーリーでわかる 営業損害 算定の実務

新人弁護士、会計数値に挑む

商品番号：40649
略　号：営算

横張清威・伊勢田篤史 著

2016年11月刊 A5判 276頁 定価2,970円(本体2,700円)
978-4-8178-4346-3

- 営業損害の算定方法という、法律と会計が交錯する分野について、弁護士・公認会計士の視点から考え方と具体的な主張・反証の方法を提示。
- 実務に即したストーリーとそれを補足する解説で「なぜそのように算定するか」「実際にどのように会計数値を用いるか」が容易に理解できる。

デジタル遺産の 法律実務Q&A

北川祥一 著

2020年1月刊 A5判 216頁 定価2,530円(本体2,300円) 978-4-8178-4620-4

- 終活・遺言・相続の場面で相談事例が増えている「デジタル遺産」について、探知、調査の時期・方法から法的対応、解決まで、法律専門家による深い法的分析に基づく「現行法の枠組みの中での指針」を提示。
- 本人・相続人・企業など様々な立場からの相談にこたえる一冊。

商品番号：40805
略　号：デジ遺産

3訂 終活にまつわる法律相談

遺言・相続・相続税

安達敏男・吉川樹士・吉川康代 著

2019年10月刊 A5判 408頁 定価3,960円(本体3,600円) 978-4-8178-4590-0

- 昨今相談が急増している、「高齢者の終活にまつわる法的問題」「円滑な相続につなげるための遺言書作成」「現代型の遺産分割問題」「相続税及び贈与税の税制改正に係る問題点」等を中心として取り上げたQ&A解説書。
- 改正相続法に対応。具体的な事例を用いた71問を収録。

商品番号：40569
略　号：終活

日本加除出版　〒171-8516　東京都豊島区南長崎3丁目16番6号
TEL (03) 3953-5642　FAX (03) 3953-2061 (営業部)
www.kajo.co.jp